货币政策与非金融企业杠杆率研究

谭小芬　李　源　著

中国金融出版社

责任编辑：明淑娜
责任校对：孙　蕊
责任印制：张也男

图书在版编目（CIP）数据

货币政策与非金融企业杠杆率研究/谭小芬，李源著．—北京：中国金融出版社，2020.1
ISBN 978 – 7 – 5220 – 0366 – 5

Ⅰ.①货…　Ⅱ.①谭…②李…　Ⅲ.①货币政策—关系—企业债务—风险管理—研究—中国　Ⅳ.①F279.23

中国版本图书馆 CIP 数据核字（2019）第 258962 号

货币政策与非金融企业杠杆率研究
Huobi Zhengce yu Feijinrong Qiye Gangganlü Yanjiu

出版
发行　中国金融出版社

社址　北京市丰台区益泽路 2 号
市场开发部　（010）63266347，63805472，63439533（传真）
网上书店　http：//www.chinafph.com
　　　　　　（010）63286832，63365686（传真）
读者服务部　（010）66070833，62568380
邮编　100071
经销　新华书店
印刷　北京市松源印刷有限公司
尺寸　169 毫米×239 毫米
印张　12.25
字数　169 千
版次　2020 年 1 月第 1 版
印次　2020 年 1 月第 1 次印刷
定价　45.00 元
ISBN 978 – 7 – 5220 – 0366 – 5
如出现印装错误本社负责调换　联系电话（010）63263947

目　　录

表目录

图目录

第一章 绪论

1.1 研究背景和意义

近些年"杠杆率""去杠杆"已成为人们耳熟能详的词汇，但在过去很长一段时间里关于"杠杆率"问题的讨论在各大媒体和社会各界中出现的频率比较低，直至 2007 年美国次贷危机的爆发才使人们重新审视杠杆率与经济金融稳定的关系。在 2009 年 9 月召开的匹兹堡会议上，G20（二十国集团）首脑确认去杠杆是克服此次金融危机、恢复正常经济的主要环节和首要的条件，这之后去杠杆就成为了世界各国的主要任务，引发了学术界和政策制定者的高度关注和积极探讨。

杠杆的存在可以使某一微观经济部门（一个企业或者家庭）通过自有权益资本撬动更多资源，特别是企业部门通过加杠杆进行举债后再通过投资将债务融资转化为资本形成，是保障工业化大规模生产正常运行的重要基础。从宏观角度看，经济正处于赶超阶段的发展中国家，社会实际资本存量相对于经济理论的最优资本存量水平可能存在不足，此时资本边际回报率会随着资本存量的增加而增加。发展中国家通过提升债务率以实现较快投资从而促进经济的快速增长具有较大程度的经济合理性。不过，随着经济逐步收敛于均衡增长路径，资本产出率必然会呈现上升趋势，此时宏观杠杆率的上升是不可避免的结果。由此可见，杠杆是在工业化大生产时代微观经济部门正常运行的重要基础，在推动发展中国家经济快速发展过程中具有十分重要的作用，特别是对于经济正处于赶超阶段的发展中国家更是如此。因此，杠杆率的上升也许只是某一特定经济增长阶段的必然现象，并不必然会引发金融风险。

既然如此，为何越来越多的国际机构和学者对中国宏观杠杆率在金融危机后的快速上升表达了担忧？其主要原因可能在于，杠杆率的升高一度被认为是简单而又经得住考验的金融危机的领先指标。莱恩哈特和罗格夫在 2009 年出版的畅销书《这次不一样》① 中系统地梳理了过去 800 年的金融危机，发现很多灾难都起源于借贷的高速扩张。摩根士丹利资产管理公司的首席宏观策略分析师鲁奇尔·夏尔马（Ruchir Sharma）在《国家兴衰》② 一书中对 1600 年至今的经济数据进行了分析，结果发现，若一国私人非金融部门债务与国内生产总值（GDP）的比值在 5 年之内增幅超过 40%，那么这个国家在接下来的 5 年中将很有可能陷入危机。同时还有被广大机构采用的 "5 - 30" 规则，即在 5 年的时间内，若一国杠杆率水平（国内信贷规模与 GDP 之比）超过 30%，该国将极可能迎来一轮金融危机，如 1985—1989 年的日本，2006—2010 年的欧洲国家，1995—1999 年以及 2003—2007 年的美国。

国际清算银行（BIS）统计数据显示，从不同国家间对比来看（表 1 - 1），2018 年 12 月底美国非金融部门总信贷/GDP 为 249.8%，欧元区国家为 258.2%，日本为 375.3%，中国为 254%，韩国为 238.2%，巴西为 157.5%，俄罗斯为 78.2%，印度为 123.2%。也就是说，与发达国家（美国、欧盟国家、日本等）相比，中国整体债务水平并不是特别高，但与新兴市场国家比，中国远远高于新兴市场平均债务水平。从结构来看，政府部门债务较高的国家或地区主要是日本、欧元区和美国，家庭部门债务相对较高的是美国、韩国，而中国的非金融企业债务占比，无论是相对发达经济体还是新兴经济体，都是非常高的。

表 1 - 1　非金融部门信贷/GDP 的国际比较（2018 年 12 月 31 日）

国家（地区）	非金融部门（%）	政府部门（%）	家庭部门（%）	非金融企业（%）
中国	254.0	49.8	52.6	151.6
美国	249.8	99.2	76.3	74.4
日本	375.3	214.6	58.1	102.6
欧元区	258.2	95.6	57.7	162.6
韩国	238.2	38.9	97.7	101.7

---

① 莱茵哈特，罗格夫. 这次不一样 [M]. 北京：机械工业出版社，2012.
② 鲁奇尔·夏尔马. 国家兴衰 [M]. 北京：新世界出版社，2018.

国家（地区）	非金融部门（%）	政府部门（%）	家庭部门（%）	非金融企业（%）
泰国	150.9	34.0	68.8	48.1
阿根廷	112.1	45.6	6.1	11.9
印度	123.2	67.2	11.3	44.8
巴西	157.5	87.0	28.2	42.2
俄罗斯	78.2	14.6	17.2	46.3
墨西哥	77.0	35.3	16.0	25.7
印度尼西亚	70.1	29.6	17.0	23.4
土耳其	113.6	29.0	14.8	69.7
新兴市场国家	183.2	47.7	39.3	95.5
发达国家	265.5	104.2	72.1	89.2

资料来源：BIS，2018 年 12 月 31 日，统计数据库 Credit to the non - financial sector。

除当前水平值较高外，中国非金融部门杠杆率在国际金融危机后也呈现出快速攀升趋势。图 1 - 1 显示，2011—2015 年的 5 年内，中国杠杆率上涨了 54.1 个百分点，由 2011 年第四季度的 177.3% 上升至 2015 年第四季度的 231.4%，平均每年增幅达到 10.82 个百分点。中国非金融部门杠杆率的快速攀升主要受到了非金融企业部门杠杆率的推动。2011—2015 年的 5 年时间内，中国居民部门杠杆率由 27.7% 上升至 38.8%，5 年增幅为 11.1 个百分点；政府部门杠杆率由 33.5% 上升至 41.7%，5 年增幅为 8.2 个百分点；非金融企业部门杠杆率则由 115.9% 上升至 150.6%，5 年增幅 34.7 个百分点。

国际货币基金组织（IMF）的统计数据同样显示，中国非金融部门债务水平上升的速度不容小觑，特别是非金融企业部门。如表 1 - 2 所示，2007—2017 年中国非金融部门（包括政府、企业、家庭部门）整体的债务水平占 GDP 的比重增长了 119.28 个百分点，远远超过 GDP 的增速。在 IMF 的全球排名中，中国非金融部门债务水平的增长是最快的，同时期印度仅增长 4.47%，南非 19.14%，印度尼西亚 10.44%，墨西哥 29.76%，俄罗斯 30.21%，巴西 38.19%，泰国 46.31%，马来西亚 43.47%。对非金融企业部门债务而言，2007—2017 年中国非金融企业债务的 GDP 占比上升了 70.82 个百分点，更是在新兴市场国家样本中居于首位（见图 1 - 2）。

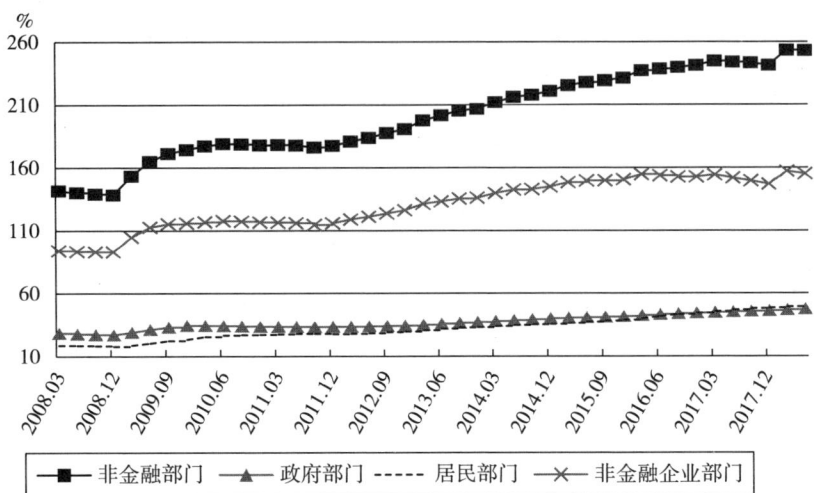

图1-1 中国各经济部门杠杆率变动趋势

资料来源：国际清算银行非金融部门债务数据库。

表1-2 2007—2017年新兴市场债务上升情况（GDP占比变化）

国家	非金融企业部门 （%）	政府部门 （%）	家庭部门 （%）	政府部门+ 私人部门（%）
中国	70.82	17.92	30.54	119.28
智利	28.74	19.72	14.88	63.34
泰国	10.27	9.71	26.33	46.31
马来西亚	11.15	14.22	18.10	43.47
韩国	9.16	10.88	21.92	41.96
巴西	8.94	20.01	9.24	38.19
哥伦比亚	10.68	16.61	9.36	36.65
土耳其	38.47	-9.91	5.76	34.32
波兰	12.18	6.47	12.37	31.02
俄罗斯	16.94	7.52	5.75	30.21
墨西哥	12.19	14.97	2.60	29.76
秘鲁	18.30	-6.50	7.44	19.24
南非	2.35	25.98	-9.19	19.14
印度尼西亚	8.28	-3.57	5.73	10.44

续表

国家	非金融企业部门（%）	政府部门（%）	家庭部门（%）	政府部门 + 私人部门（%）
印度	7.83	-3.98	0.62	4.47
阿根廷	-3.39	-3.40	2.32	-4.47

资料来源：IMF 全球债务数据库（Global Debt Database）、作者计算。

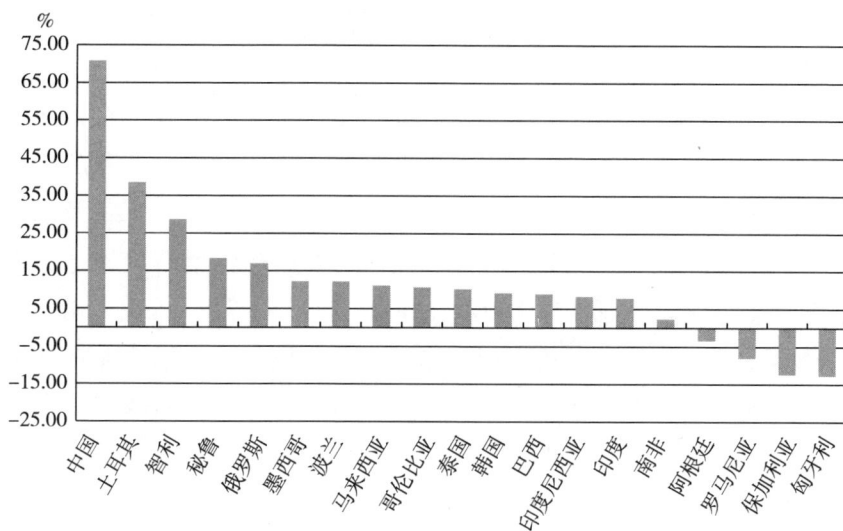

注：非金融企业债务只包括银行贷款和企业发行的债券。

图 1-2　2017 年相对 2007 年非金融企业的 GDP 占比变化

资料来源：IMF 全球债务数据库（Global Debt Database）、作者计算。

　　因此，中国非金融部门债务问题的核心在于非金融企业部门。总的来看，中国债务分布不均匀，企业债务水平很高，地方政府债务偏高，而中央政府和家庭部门的债务水平较低。正是中国非金融部门杠杆率在金融危机后期的这种快速攀升以及近些年达到的历史高位引发了世界范围内对中国当前债务问题的关注和担忧，众多国际机构和学者认为高杠杆率已经是当前中国经济的一个主要风险因素。因此，国内众多学者和相关政策制定部门将非金融企业部门定为主动去杠杆进程的主要着力点。

　　随着国内学者对我国非金融企业部门高杠杆问题研究的不断深入，人们发现非金融企业部门杠杆率除了在宏观层面表现出快速上涨趋势外，在微观企业层面还表现出了明显的结构性问题。从微观企业层面看，不同类型企业和行业的杠杆率在国际金融危机后出现了显著的分化趋势。首先，企业杠杆率呈现"国进民退"现象。由规模以上工业企业数据可知，国有控股和非国有工业企业杠杆率在2006年之后表现出明确的背离趋势。非国有工业企业杠杆率由2007年的59.1%逐年下滑至2017年的52.5%；而国有控股工业企业杠杆率在由2007年的57.5%快速上升至2009年的61.4%后，基本稳定在61%附近，由于去杠杆政策的实施2017年下降至60.4%。其次，高杠杆现象主要集中在房地产行业和产能过剩行业（如钢铁、水泥、电解铝、造船、平板玻璃），电热、燃气及水生产和供应业，重工业，建筑业等行业。然而，上述杠杆率高企的企业或行业，其盈利水平和利息保障倍数却在金融危机后呈现明显下降趋势。

　　鉴于宏观杠杆增长较快可能带来的风险，以及非金融企业杠杆率分化带来的资源配置效率下降和经济增速下滑问题，政府对我国非金融企业杠杆率问题给予了极大的关注。我国围绕杠杆率的政策经历了大致三个阶段。2015年底中央经济工作会议中有关"三去一降一补"供给侧结构性改革任务的提出，标志着我国正式步入主动去杠杆进程，也标志着我国第一阶段去杠杆进程的开启。虽然"三去一降一补"的提出明确了今后的去杠杆任务，但当时并未明确指出要降低非金融企业杠杆率，去杠杆仍聚焦于地方政府债务。2016年10月出台的《国务院关于积极稳妥降低企业杠杆率的意见》，标志着我国去杠杆政策进入第二阶段——企业去杠杆阶段。在这之后，我国去杠杆政策着力点开始集中于非金融企业。之后2016年中央经济工作会议指出"要在控制总杠杆率的前提下，把降低企业杠杆率作为重中之重"；2017年7月第五次全国金融工作会议则在此基础上进一步提出"要把国有企业降杠杆作为重中之重"。从一般性去杠杆，到企业去杠杆，再到国有企业去杠杆，表明国内学者和政策制定者对我国去杠杆目标认识的逐渐明晰。随着我国供给侧结构性改革和去杠杆政策的深入推进以及经济转型升级步伐加快，规模以上工业企业中国有企业杠杆率自 2016 年后开始稳步降低，同时非金融企业部门宏观杠杆率在 2016 年开始趋稳，并在 2017 年出现了同比 1.4 个百分点的小幅降低，2011 年以来首次出现净下降。鉴于企业去杠杆初见成效，我国去杠杆政策开始进入稳杠杆阶段，即第三阶段。正如 2018 年 4 月中央财经委员会第一次会议中所明确提出的，当前阶段我国非金融企业去杠杆要以结构性去杠杆为基本思路。

然而，进入 2018 年后，我国非金融企业部门宏观杠杆率再次出现回升，由 2017 年第四季度的 146.9% 上升至 2018 年第二季度的 155.1%，创下了金融危机后我国非金融企业部门杠杆率的新高。随着非金融企业部门宏观杠杆率的再度反弹以及国企杠杆率难以降低、非国企信贷上不去的情况，并叠加 2018 年以来贸易战以及外部环境恶化等，关于如何使用货币政策来实现调杠杆和保增长的争论越发激烈。本轮争论实质上是对由来已久的杠杆率成因问题以及现阶段货币政策是否有效提出质疑，其核心是如何继续推进结构化去杠杆，货币政策应宽松还是紧缩，在当前我国宏观杠杆率再度反弹、总需求不足以及国内外经济环境恶化的情况下，货币政策该如何操作才能保障我国非金融企业杠杆率结构性问题的顺利化解。尽管已有部分文献从定性分析角度或采用宏观理论模型对货币政策在当前去杠杆进程中该如何作为进行了研究，但上述研究毕竟缺少微观经验的支撑，并不有助于我们更好地了解在当前去杠杆进程中货币政策对企业杠杆率的影响在微观企业层面上的体现，以及货币政策对企业杠杆率的影响是否会在不同类型企业、不同行业和不同省份间存在差异。因此，有必要从微观企业层面分析货币政策在我国去杠杆进程中该如何作为，才能够有助于我国在当前内外部环境下顺利化解企业杠杆率结构性难题。另外，随着金融经济全球化的不断加深，新兴市场国家受发达国家货币政策外溢效应的影响越来越显著。美国作为全球流动性最大的输出国，其货币政策国际传导效应的存在是否会对我国非金融企业去杠杆进程产生影响，从而与我国非金融企业去杠杆进程中国内货币政策的实施效用形成叠加或抵消，加大我国非金融企业结构性去杠杆的难度？对上述问题的了解也是当前我国去杠杆过程中不容忽视的方面。

　　无论货币政策在我国非金融企业去杠杆进程中如何作为，其对实体经济的影响均需要通过诸如资产价格渠道、信贷渠道等传导渠道来实现。由于我国资本市场发展相对不完善，银行主导型金融体系使信贷渠道成为货币政策传导的主要渠道。已有研究表明，正是这种以信贷为主的融资结构被认为是导致我国非金融企业杠杆率高企的重要结构性因素。如2017年政府工作报告所指出的，中国非金融企业杠杆率较高与以信贷为主的融资结构有关。在中国社会融资规模中，银行贷款占据主导地位，然后是企业债券，而股权类融资规模相比前两项可以说微不足道。③ 货币政策作为总量政策本身便很难解决我国非金融企业杠杆率存在的结构性问题。由于贷款对企业享有的是固定索取权，并不分享企业的升值潜力，因此，相较于资本市场，银行体系更倾向于向传统性、安全性行业以及拥有足够抵押品的企业提供信贷。而在我国特有的经济体制下，银行贷款会大量流入国有企业、重资产行业、地方政府和地方融资平台（因为隐含国家信用），因为上述企业或行业拥有更好的抵押和隐性担保。中西部地区由于享受贷款优惠政策，也有助于吸引银行资金的流入。上述区域正是当前我国非金融企业高杠杆的重灾区。综上所述，高度依赖银行信贷的间接融资方式不仅推升了非金融企业杠杆率，还进一步增加了货币政策保障我国非金融企业实现结构化去杠杆的难度。大力发展资本市场，提升金融结构市场化程度，推进资金供给结构的调整优化，减少企业对债务融资和信贷杠杆的依赖性，在我国去杠杆进程中被高度重视。但已有文献对金融结构市场化程度提升是否一定能够降低国内非金融企业杠杆率这一问题并未得出一致结论。因此，通过提升金融结构市场化程度是否可以有效化解我国非金融企业当前面临的高杠杆问题以及是否需要其他配套政策选项的实施仍值得进一步细致研究。同时，金融结构

---

　　③ 根据2018年第二季度中国人民银行发布的《货币政策执行报告》，2018年6月末社会融资规模存量183.3万亿元，股票融资仅6.9万亿元，占比仅为3.8%；2018年上半年社会融资规模增量为90972亿元，股票融资仅为2511亿元，占比仅为2.8%。另外，Wind数据显示，2015—2017年资本市场股权融资家数分别为1042家、1052家和985家，融资规模分别为1.39万亿元、1.87万亿元和1.51万亿元；而各类债券发行数量分别为15493只、28225只和37307只，各类债券融资规模分别为23.17万亿元、36.36万亿元和40.80万亿元。

市场化程度的提升在拓宽企业融资渠道的同时，还可能有助于提升其他货币政策传导渠道在我国货币政策传导中的有效性，这是否能增强国内货币政策对企业杠杆率的影响以及缓解发达国家货币政策国际传导的影响，也是一个值得关注的问题。

已有研究表明，去杠杆将伴随着各部门资产负债表的紧缩，不可避免地会导致失业和经济下行，若处理不好极易陷入债务—通缩循环，引致危机和萧条。西方国家现有的经验大多是危机发生后的被动去杠杆的措施，我国当前是主动去杠杆以防系统性风险的爆发，因此已有国际经验的直接借鉴之处有限，也未必适用。如何推动我国非金融企业部门顺利实现去杠杆，我国同样面临严峻挑战。而这些问题关系到未来经济增长、就业以及金融和经济稳定，我们必须更加深入探讨。在上述研究背景下，本书从我国非金融企业杠杆率的特征、国内货币政策调整对企业杠杆率的影响、发达国家货币政策国际传导对我国去杠杆进程的影响以及如何通过金融体系改革实现我国高杠杆问题的标本兼治四个角度出发，对我国非金融企业部门去杠杆问题展开研究，这对于公司资本结构领域和我国去杠杆进程的推动具有重要的理论意义和现实意义。

1.2　研究内容和创新点

1.2.1　研究内容

全书共分七章，结构简要说明如下：

第一章为绪论，介绍了本书的研究背景和意义、研究内容和创新点以及研究思路和方法。

第二章回顾了已有相关研究文献，力求简短并清晰地梳理重要文献，为本研究重点指明方向。

第三章从宏观和微观角度对我国非金融企业部门杠杆率的一系列特征进行了详细描述。本章首先从宏观杠杆率角度对我国非金融企业部门宏观杠杆率的水平值、增速以及债务组成变动进行了跨国对比，并从微观杠杆率角度分析了中国非金融企业部门杠杆率存在的结构性问题。其次从国内和国际两个角度分析了我国非金融企业部门杠杆率上升的成因。最后以亚洲金融危机前夕危机国家（地区）企业部门各风险指标（企业杠杆率、利息保障倍数、流动性需求等）为对照基准，对当前中国非金融企业部门潜在债务风险进行了评估。

第四章探讨货币政策在我国去杠杆进程中应如何作为，利用我国 A 股上市非金融企业数据从企业层面实证检验了非金融企业杠杆率与货币政策之间关系。"U"形曲线的非线性关系的结论意味着我国当前实施紧缩性货币政策并不有助于化解非金融企业结构性高杠杆难题。进一步地，本章通过区分货币政策与企业杠杆率之间关系在不同期限杠杆率、不同所有制企业、不同行业以及不同省份间的异质性，给出了紧缩性货币政策不利于企业去杠杆推进的经验证据，并验证了过度紧缩性货币政策导致非国有企业杠杆率攀升的替代性融资渠道和所有者权益渠道。

第五章为考察发达国家货币政策国际传导是否会对我国非金融企业部门去杠杆进程造成影响，运用 28 个新兴市场国家 2003—2015 年非金融类上市企业数据对美国货币政策国际传导对新兴市场国家非金融企业杠杆率的影响进行了研究。为更好地了解美国货币政策调整对我国非金融企业去杠杆进程可能存在的影响，本章进一步分析了美国货币政策与新兴市场国家非金融企业杠杆率之间的关系在不同新兴市场国家、不同行业以及不同企业间的异质性。

第六章为检验金融结构市场化程度的提升是否有助于化解我国非金融企业当前面临的结构性高杠杆难题，运用 2000—2015 年 47 个国家（地区）非金融上市企业的财务数据分析了金融结构与企业杠杆率之间的关系，并进一步考察了这一关系在不同类型国家、不同行业以及不同企业间的异质性。同时，本章也进一步考察了金融结构市场化程度的增加是否有助于增加国内货币政策对企业杠杆率的影响效力以及是否可以缓解发达国家货币政策国际传导对国内企业杠杆率的影响。

第七章对全书主要结论进行总结，并提出未来进一步可能的研究方向。

1.2.2 主要创新点

本书创新点主要集中于以下四个方面。

首先，相较于以往研究中国非金融企业部门杠杆率现状的文献，本书从宏观杠杆率水平值、增速、微观杠杆率结构性问题的角度入手，能更好地反映我国非金融企业部门杠杆率在宏微观上的表现以及所存在的问题。另外，本书进一步引入了亚洲金融危机前夕危机国家（地区）的各指标作为对照基准，对我国当前非金融企业的潜在债务风险进行分析，比以往研究文献对潜在风险分析的研究更进一步。

其次，考察货币政策与去杠杆、稳增长之间关系的文献多从宏观模型角度出发，缺乏微观经验证据。本书从企业层面实证分析了货币政策与非金融企业杠杆率之间的关系，并得出"U"形曲线关系的结论。相对于以往文献，本书关于货币政策与非金融企业杠杆率关系的研究的边际贡献主要包括以下两点：其一，本书利用我国 A 股上市非金融企业数据从企业层面实证分析了杠杆率与货币政策之间的关系，结果表明非金融企业杠杆率与货币政策之间存在显著的"U"形曲线关系，特别是对企业短期杠杆率以及非国有企业而言，即过度紧缩的货币政策反而会推升非国有企业短期杠杆率，这极有可能会导致非国有企业流动性风险和违约概率增加。上述结论为我国在主动去杠杆进程中实行稳健中性的货币政策提供了经验证据。其二，本书进一步分析了非国有企业杠杆率与货币政策间的"U"形曲线关系在不同省份、不同行业和不同企业间的异质性，在一定程度上验证了货币政策过度紧缩时期替代性融资渠道和所有者权益渠道在推升企业杠杆率中的有效性。现有文献仅关注货币政策的信贷渠道和资产价格渠道对企业杠杆率的影响，而忽略了企业替代性融资渠道的使用，即企业在难以通过银行信贷渠道获得资金时会更加依赖融资成本更高的替代性融资渠道，这一效应在中国尤其不容忽视。

再次，发达国家宽松的货币政策（主要是美国）通常会导致新兴市场国家面临大规模的资本流入（Calvo，Leiderman and Reinhart，1993），进而对新兴市场国家的汇率、利率、流动性和资产价格造成影响。但美国货币政策的国际传导是否会对我国非金融企业去杠杆进程造成影响？本书运用新兴市场国家跨国面板数据对上述问题进行了考察。研究表明，美国货币政策调整会对新兴市场国家非金融企业杠杆率变动造成显著影响。相对于以往文献，本书的边际贡献主要包括以下四点：其一，证实了新兴市场国家非金融企业杠杆率变动会受到美国货币政策的影响，丰富了企业杠杆率决定因素的研究。其二，描述了美国货币政策对新兴市场国家外溢效应的微观层面表现，相较之前研究文献描述的国家宏观层面表现更进一步。这不仅有助于更充分地了解美国货币政策外溢效应对新兴市场国家实体经济的冲击，也有助于为新兴市场国家当前较高债务风险的处理提供新的视角。其三，分析了美国货币政策与新兴市场国家非金融企业杠杆率变动之间的关系在不同企业类型、不同行业、不同国家以及不同区域间的差异性。其四，以往文献在衡量美国货币政策时大多采用联邦基金利率指标，但是这一指标仅考虑了常规货币政策对新兴市场的溢出效应，而忽略了危机后非常规货币政策对新兴市场的溢出效应。本书采用影子利率能够更好地衡量常规和非常规货币政策对新兴市场综合的溢出效应。

最后，大力发展资本市场被赋予去杠杆的重要职能，但提高金融结构市场化程度是否有助于化解我国非金融企业杠杆率存在的结构性问题？是否能增强国内货币政策对企业杠杆率的影响以及缓解发达国家货币政策国际传导的影响？本书运用2000—2015年47个国家（地区）上市非金融企业数据对上述问题进行了实证分析。结果表明，金融结构与非金融企业杠杆率间呈现出显著的负相关关系。相较于以往的研究文献，本书关于金融结构与非金融企业去杠杆研究的边际贡献主要有以下三点：其一，证实了金融结构与非金融企业杠杆率之间的负相关关系，以及金融结构市场化程度提升有助于提高国内货币政策对企业杠杆率的影响效力并缓解发达国家货币政策的国际传导效应这一结论。其二，以往文献在衡量金融结构时大多采用虚拟变量来区分一国金融结构，这导致样本国家的金融结构在样本期间内是固定不变的，但一国金融结构会随着时间变动（Rajan and Zingales，2003）。基于此，本书采用Levine（2002）提出的金融结构测量方法，计算了各国时变的金融结构综合指数。其三，进一步考察了金融结构对企业杠杆率的负向影响在不同国家、不同行业和不同企业间的异质性表现，为我国相应配套政策的推出提供了经验证据。

1.3 研究思路和方法

1.3.1 研究思路

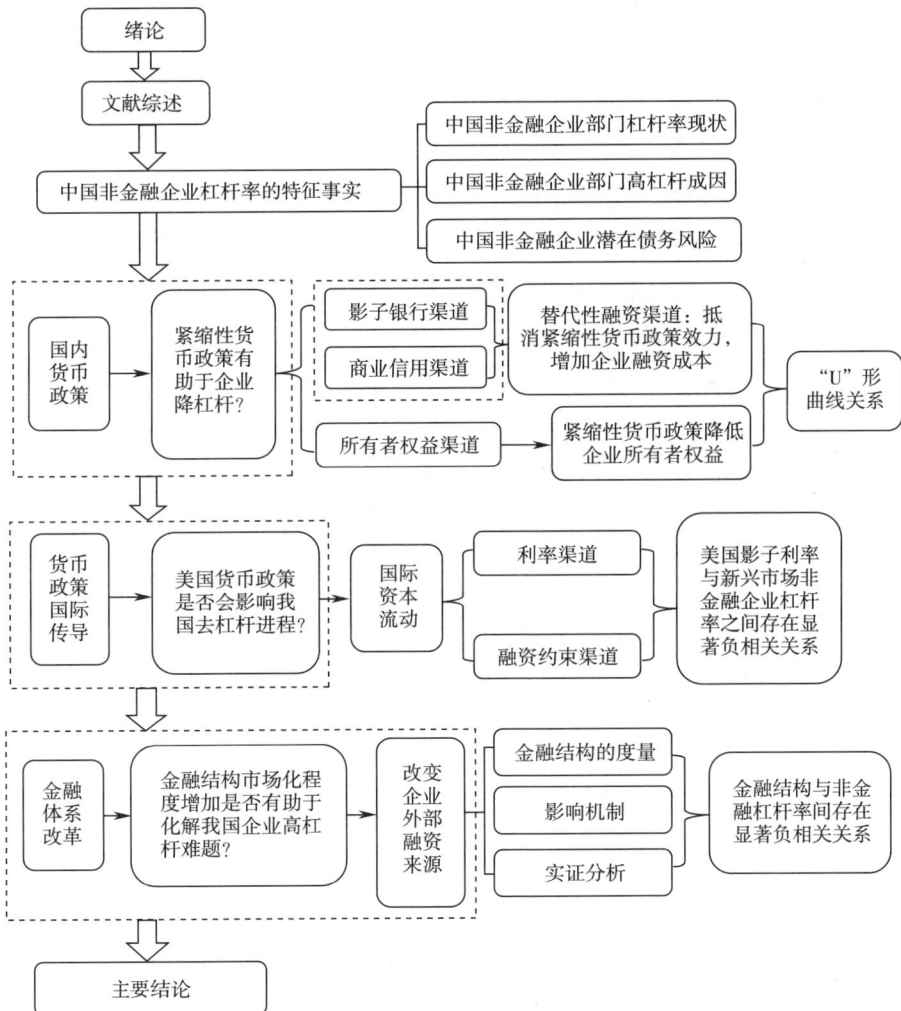

图 1-3 研究框架

1.3.2　研究方法

1. 文献研究法

使用该方法，针对每一章节的具体研究内容，通过系统、全面地梳理现有文献，力图充分了解该领域当前的研究现状和已有结论，帮助确定下一步的重点。

2. 描述性统计分析

该方法虽然属于简单的统计描述，但是通过对我国非金融企业宏观杠杆率和微观杠杆率的描述性统计分析以及国际对比，可以对我国非金融企业的杠杆率变化和现状提供重要的事实基础。

3. 实证分析法

本书是以微观企业为切入点对我国非金融企业部门去杠杆问题展开分析，因此，本书在研究过程中主要采用计量经济模型对所关注问题展开研究。首先，本书采用国内非金融上市企业数据，运用固定效应面板模型，实证分析了我国货币政策变动对企业杠杆率的影响。其次，本书利用全球非金融上市企业数据库，从跨国角度采用固定效应面板模型实证分析了美国货币政策对新兴市场国家非金融企业杠杆率变动的影响，以及金融结构市场化程度的增强是否有助于缓解我国当前面临的高杠杆问题。为进行异质性检验，本书进一步在回归方程中引入了交互项。同时，本书也采用系统 GMM、事件研究等计量方法对部分主要回归结论进行了稳健性检验，以期保证本书回归结论的稳健性和可靠性。

第二章　文献综述

2.1　资本结构主要理论

微观企业杠杆率的概念在本质上与公司金融领域中资本结构的概念是一致的，资本结构一直是公司金融领域研究中的核心问题。已有关于企业资本结构的研究文献通常是以权衡理论或优序融资理论等主流资本结构理论作为理论基础展开研究。因此，本书在文献综述部分将首先对上述理论进行简要总结。

1958 年，Modigliani 和 Miller 提出了著名的 MM 定理 I，即在满足个人和公司的借贷利率相同、无税收、无信息不对称以及拥有完全资本市场的假设条件下，如果未来企业期望收益不变，那么无论企业如何变更资本结构都不会使股权价值和债权价值之和发生变化。也就是说，Modigliani 和 Miller（1958）认为在满足上述假设条件的情况下，企业价值与资本结构无关。后续关于企业资本结构理论的研究多是以 MM 定理 I 为基准通过放松其原有假设展开的。考虑到实际操作中企业债务利息支出是被税法允许在税前进行抵扣的，Modigliani 和 Miller（1963）在放松 MM 定理 I 中无税收假设条件后，进一步研究了企业所得税对企业资本结构选择的影响。结果表明，在放松无税收假设条件后 MM 定理 I 的基本内容变为：如果考虑企业所得税因素，由于抵扣税收所增加的这部分收益被称为债务的税盾价值，因此，公司价值就等于无企业所得税条件下的公司价值加上债务税盾效应的现值。这就是公司金融领域中的 MM 定理 II。依据 MM 定理 II，企业价值将与企业债务融资规模呈显著正相关关系。这就意味着，公司债务融资规模越大，公司价值也将越大。股东为追求企业价值最大化，合乎逻辑的做法应该是让公司全部的外部融资均为债权融资，因为负债率越高，企业价值越大。但是在现实中没有非金融企业会采用100%的负债率，反而在现实中陷入财务困境或者破产的企业往往都是高负债率企业，这一现实和理论的冲突导致了权衡理论的产生。

一般来讲，企业财务困境成本包括直接成本和间接成本，其中直接成本又主要包括破产成本、资产重组成本等，间接成本则主要是指不再持续经营对企业价值的影响。Baxter（1967）等学者认为 MM 定理 II 之所以仍与现实存在严重脱节的主要原因在于，其模型中并没有考虑企业财务困境成本同样会随企业负债的增加而增加。企业在从不断增加的债务规模中获取债务税盾收益的同时也面临着财务困境成本的上升，在某一临界点，边际负债所带来的税盾收益会恰好被增加的财务困境成本所完全抵消，任何高于或者低于这一点的负债率都会导致企业价值的下降。这意味着，在债务利息税盾价值和破产成本共同作用之间，企业存在一个能使其价值最大化的最优资本结构（Kraus and Litzenberger，1973；Scott and James，1976）。这就是资本结构权衡理论的基本内容，也被称为静态权衡理论。后续如 Stulz（1990）、Jensen（1986）等学者从代理成本角度进一步提出了广义的静态权衡理论，该理论在本质上与静态权衡理论一致，即同样认为当企业负债增加所导致的边际成本和边际收益相互抵消时，企业达到最优资本结构。Brennan 和 Schwartz（1984）和 Kane et al.（1984）对静态权衡理论做了进一步拓展，在动态模型（连续时间框架）中考察了负债增加所带来的税盾收益和破产成本之间的权衡。但上述分析中并没有考虑企业外部融资时的交易成本，之后 Fischer et al.（1989）在上述动态分析的基础上，将企业外部融资所涉及的交易成本引入动态模型。结果表明，由于交易成本的存在，企业日常经营活动中实际资本结构会长期偏离理论上的最优资本结构。企业会在综合考虑增加负债带来的收益和成本以及调整资本结构所存在的成本等因素后，再决定是否将实际资本结构调整至最优资本结构。以上就是资本结构动态权衡理论的基本内容。综上所述，权衡理论认为企业存在一个最优资本结构，企业在综合考虑现实中诸如交易成本等各摩擦性因素后，会将其实际资本结构逐步趋近于最优资本结构，从而实现企业价值最大化。

权衡理论的提出为学者后续从债务融资带来的成本和收益角度研究企业融资决策提供了理论基础。但后续学者认为该理论中关于市场完全信息的假定在现实中是很难实现的。因此，Myers 和 Majluf（1984）以及 Myers（1984）等学者从信息不对称角度对企业融资决策展开了进一步研究，进而提出了资本结构中的优序融资理论（也被称为啄序理论）。该理论假定，企业管理层相比外部投资者，对企业拥有更多的信息优势，并且外部投资者也了解这一状况。因此，当企业选择股权融资时，股票市场投资者会认为此时企业股价被高估，选择抛售股票，反而会进一步造成企业股权融资成本增加；若企业进行债务融资，同样由于投资者认为企业管理层拥有比自身更好的信息优势，会要求享有高过实际风险的利率，导致企业债务融资成本上升。因此，这会导致企业在融资时最终会首选内部融资，其次才是债权融资和股权融资。这就是优序融资理论的基本内容，该理论认为企业并不存在所谓的最优资本结构，企业资本结构只是体现在信息不对称条件下企业的融资偏好选择。

2.2　杠杆率现状分析

要保证我国去杠杆任务的顺利完成，首先应该正确认识我国杠杆率现状，即要正确识别我国杠杆率的可持续性（去杠杆压力）以及要去谁的杠杆的问题，之后才能探讨如何去杠杆，这对于我国这类结构性问题突出的经济体而言是尤为重要的。但正如前文所述，现实中缺少某一经济部门的资产负债表数据，难以直接按照微观杠杆率定义衡量一国宏观杠杆率水平。因此，在关于分析一国杠杆率水平的问题上，首要面临的问题就是要寻找合适的近似替代指标。从已有研究看，众多学者在对一国宏观杠杆率进行衡量时主要使用以下三种指标：第一种杠杆率指标是当前在学术研究中被广泛认可和使用的指标，即宏观杠杆率 = 总负债/GDP，总负债为国内各经济部门加总的总债务（Reinhart and Rogeff，2010；中国人民银行杠杆率研究课题组，2014）；第二种杠杆率衡量指标为社会融资规模余额与 GDP 的比值（Barajas et al.，2006；IMF，2015）；

第三种杠杆率衡量指标为货币产出比，即广义货币供应量（M2）与 GDP 的比值（宋国青，2014）。其实，上述三种杠杆率衡量指标在本质上是相通的，均使用 GDP 作为分母以衡量总负债、社会融资规模余额和广义货币供应量的变动趋势。各指标之间在统计上的相关性很高，但由于总负债、社会融资规模余额和广义货币供应量的内涵各不相同，采用不同指标判断一国杠杆率水平结果会出现较大差异。如谭小芬（2016）指出，对我国而言，社会融资总额中不包括影子银行融资，且年度社会融资规模和月度社会融资余额的加总并不一致且相差较大，这会造成债务估算水平的偏差。相比之下，第一种衡量方式，即总负债/GDP，可以更直观地衡量一国债务率或者说债务持续力，在现有研究中被广泛使用。国际清算银行（BIS）和国际货币基金组织（IMF）也是基于这一指标提出了中国当前杠杆率过高、债务风险较重的论断。

黄志龙（2013）通过纵向分析我国经济各部门杠杆率（总负债/GDP）在 2000—2011 年的变动趋势以及与若干国家的横向对比，认为我国宏观杠杆率总体水平适中，其风险主要来源于杠杆率上升速度较快，且我国高杠杆问题主要集中于非金融企业部门，政府部门和居民部门杠杆率相对较低。牛慕鸿和纪敏（2013）通过宏观杠杆率的跨国对比，同样指出我国非金融部门杠杆率整体水平并不高，其风险主要来自杠杆率的快速上升且主要集中于非金融企业部门。快速提升的杠杆率会加速风险的积聚，带来的潜在风险值得警惕。为了更好地描述中国宏观杠杆率的真实水平，中国社会科学院李扬团队对中国宏观杠杆率水平进行了重新估算，虽然与已有国际机构提供的数据有所差异，但关于中国杠杆率现状的结论并未有明显差异。不过，采用总负债与 GDP 比值衡量一国杠杆率的合理性也遭到了国内学者的质疑。尽管债务率（总负债/GDP）可以解决资产数据无法获得的难题，但其会忽略与偿债能力相关的资产情况，并不能算是衡量杠杆率的完美指标（刘晓光和刘元春，2018）。借助宏观杠杆率的分解公式①，刘晓光和刘元春（2018）根据国际清算银行和

---

① 宏观杠杆率 = 总负债/GDP =（总负债/总资产）×（总资产/GDP）。

宾州世界表数据重新估算了全球 42 个主要国家的资产负债率（杠杆率），即资产负债率 = 债务率/资本产出比。结果表明，我国企业资产负债率并不高，而且以往金融危机经验表明，危机爆发前宏观债务率和企业资产负债率往往会同时上升。总的来看，国内学者通过对我国宏观杠杆率的纵向对比和跨国横向对比后对我国当前宏观杠杆率现状持以下观点，即我国宏观杠杆率水平总体可控，但杠杆率快速上升的趋势以及非金融企业杠杆率较高的结构性问题所带来的潜在风险值得警惕（中国人民银行杠杆率研究课题组，2014）。

单纯从宏观角度来判断我国非金融企业杠杆率的高低很可能会得出有偏的结论，不利于政策制定。因此，国内学者又进一步从微观杠杆率的角度对我国非金融企业杠杆率现状作出更深层次的分析。谭小芬（2016）基于我国 2500 家上市非金融企业 2006—2015 年的数据，从行业、企业类型和债务来源对我国非金融企业债务结构进行了细致分析。结果表明，我国非金融企业杠杆率高企的现象主要集中在大型企业、国有企业、房地产企业以及那些本身负债较高的企业。特别地，国有企业与私营企业杠杆的剪刀差正在逐步扩大（前者逐步增加，后者逐步减少），但前者的利润率和资金利用效率却低于后者。从不同行业来看，债务比重上升的部门主要是在房地产和建筑部门，其次为采矿和公用事业部门。不过，中国非金融企业债务主要来自国内信贷，外币债务比重并不高。钟宁桦等（2016）运用我国 400 万个工业企业 1998—2013 年的面板数据分析发现，我国规模以上工业企业 1998—2013 年在整体上呈现去杠杆态势，只不过是其中一小部分大型企业、国有企业、上市企业的杠杆率在同期呈现上升趋势，并且这种上升趋势在我国不同地区间呈现出明显的差异性。为进一步分析我国非金融企业的债务风险，陈卫东和熊启跃（2017）基于我国 A 股非金融上市企业数据，将我国非金融企业整体和分行业的杠杆率、利息保障倍数和盈利能力与世界主要发达经济体（美国、德国、英国、日本）在横截面上进行了跨国比较。结果表明，与世界主要发达国家非金融企业相比，我国非金融企业整体杠杆率水平并不高，"问题"行业杠杆率水平处于可控范围。

综上所述，就目前已有的研究成果来看，国内关于非金融企业杠杆率的研究经历了从宏观杠杆率到微观杠杆率、从国内分析到国际分析的阶段。截至目前，国内学术界对于我国非金融企业杠杆率的现状基本达成以下共识：首先，我国非金融企业部门杠杆率既存在总量问题又存在结构性问题，但是以结构性问题为主。其次，我国非金融企业杠杆率存在明显的"国进民退"特征，即前者在危机后上升，而后者则在降低。然而这与国有非金融企业和非国有非金融企业的盈利能力相悖。再次，从不同行业看，高杠杆现象主要集中在房地产业、建筑与采矿业等传统行业，特别是产能过剩行业。最后，从空间来看，东部、中部、西部的企业杠杆率变化存在明显差异。我国当前杠杆结构性矛盾最突出的部分，正是上述不同类型企业、不同行业和不同地区间高杠杆分布的交集。不过，虽然当前国内学者对于我国非金融企业杠杆率现状的研究已非常丰富，并且也对我国非金融企业杠杆率的结构性问题达成了共识，但有一点不容忽视的问题就是，本质上我们其实更想了解的是我国非金融企业部门的债务风险问题。当前已有的文献，不论是从非金融企业部门杠杆率还是从企业层面的微观杠杆率角度，其研究的均是杠杆率的水平值，这能够判断杠杆率的高低，但由于缺少更好的对照基准，无法判断我国非金融企业潜在的债务风险。

2.3 杠杆率的影响因素

为应对 2008 年国际金融危机对我国带来的负面影响，中国政府在 2009 年出台四万亿元的财政刺激计划，并同时配合了宽松的货币政策，以主动加杠杆的方式刺激国内经济发展。陆婷和余永定（2015）指出，正是国际金融危机后我国信贷的急剧扩张，推动了国内经济各部门债务水平的快速上升，其中地方政府债务和非金融企业部门债务的上升尤为明显。国际金融危机后以国有企业为主导的大量刺激性投资以及地方政府存在的 GDP 竞赛内在激励机制、预算软约束等经济增长模式和体制问题，导致了国有企业和部分行业（房地产行业和产能过剩行业）杠杆率的上升，最终推升了我国非金融企业部门杠杆率（许一涌，2014）。Deng et al.（2015）同样指出，为应对 2008 年国际金融危机，当时我国的信贷扩张政策主要是通过由国有银行向央企提供贷款而实现的，因此，金融危机之后，国企和非国企间的杠杆水平差异与当时的货币政策也有密切关联。与此同时，我国当前存在的企业制度套利和资本套利、资本效率下降以及全球再平衡下疲弱的外部需求在推动我国非金融企业债务快速上升中的作用也不容忽视（张茉楠，2014）。全球经济在金融危机后期进入了下行期，外部需求疲软，经济周期对企业融资决策存在显著影响（Halling et al.，2016；吴华强等，2015）。姚洋和范保群（2016）指出，随着经济周期下行压力的加大，企业盈利水平降低甚至难以维持高额的利息支出，从而导致企业杠杆率相较于经济周期上行期出现上升。特别是我国以银行贷款为主的融资结构会进一步加剧这一现象。因此，我国当前所处经济周期以及典型的银行主导型金融结构是推动我国非金融企业部门杠杆率快速上升不容忽视的重要因素。谭小芬（2016）同样指出，由于我国典型的银行主导型金融体系以及国有企业在我国经济体制中的特殊地位，政府为刺激国内经济选择主动加杠杆后，国有企业杠杆率在金融危机后出现稳步上升。综上所述，从宏观层面而言，除了为应对国际金融危机而实施的宽松货币政策和财政政策外，我国金融结构、经济发展模式、全球（国内）经济环境以及一些体制顽疾同样被认为是导致我国企业部门杠杆率高企的重要原因。

已有文献从宏观层面对我国非金融企业部门杠杆率高企的原因进行了较好的定性分析，但仅限于宏观角度的分析，并不能为我国今后实施去杠杆政策的具体选项提供足够的启示。任何宏观环境的变动最终需要作用于微观层面，为了更好地理解宏观杠杆率与微观杠杆率之间的关联，部分学者尝试对宏观杠杆率进行拆分从而将其与微观杠杆率进行联结，具体过程如下所示（纪敏等，2017）：

$$宏观杠杆率 = \frac{债务}{GDP} = \frac{债务}{总资产} \times \frac{总资产}{GDP} = 微观杠杆率 \times \frac{1}{资产收益率}$$

由上述宏观杠杆率的分解式可以看到，宏观杠杆率的变动不仅仅取决于微观杠杆率的变动，同时还受到资产收益率的影响。基于此，国内部分学者认为，国际金融危机后我国非金融企业部门杠杆率的持续快速上升主要受到了 2011 年实体经济效益持续下滑的影响，微观层面企业杠杆率反而并未出现大幅度上升（纪敏等，2017；钟宁桦等，2016）。虽然该分解式将微观杠杆率与宏观杠杆率进行了有机关联，但该分解式中资产收益率仍是一个从宏观角度度量的变量，难以进一步分析企业层面的变动。为更好地从微观企业层面寻找宏观杠杆率高企的原因，王宇伟等（2018）进一步对宏观杠杆率做了以下拆分：

$$\text{宏观杠杆率} = \frac{\text{债务}}{\text{GDP}} = \frac{\text{债务}}{\text{总资产}} \times \frac{\text{总资产}}{\text{营业收入}} \times \frac{\text{营业收入}}{\text{GDP}}$$

作者将最后一项定义为微观企业的增加值率，公式进一步转变为：

$$\text{宏观杠杆率} = \frac{\text{债务}}{\text{GDP}} = \frac{\text{债务}}{\text{总资产}} \times \frac{1}{\text{资产周转率}} \times \frac{1}{\text{微观企业增加值率}}$$

基于上述公式，王宇伟等（2018）提出宏观经济政策对于微观企业的影响会通过总量渠道和结构渠道传递至微观杠杆率。从总量视角看，宽松的宏观经济政策会促使微观企业倾向于增加负债规模，导致企业部门整体负债规模上升，表现为企业部门的总体杠杆率水平上升；从结构视角看，若宏观经济政策宽松所带来的信贷资源增加更多地流向了资产周转率低、增加值低的企业，会导致企业部门的总资产周转和增加值情况与企业债务的变化情况不一致，最终宏观杠杆率呈现上升趋势。因此，微观企业杠杆率、资产周转率和增加值率三者共同决定非金融企业部门的杠杆率水平。

关于讨论微观企业杠杆率影响因素的研究，实际上是在探讨企业资本结构选择以及融资决策问题。当前在文献研究中被广泛证实和认可的对企业杠杆率有稳定影响的因素可以分为三大类：企业层面因素、行业因素以及宏观因素（Frank and Goyal，2009）。2008 年国际金融危机爆发前，学者们关于杠杆率影响因素的研究主要集中于企业层面和行业层面，对宏观层面的探讨相对较为稀少。如企业规模、盈利能力、企业成长性、有形资产占比、所有制属性、股权集中度、行业平均杠杆率和产品市场竞争程度等因素被证明会对企业杠杆率造成显著影响（Huang and Song，2006；肖泽忠和邹宏，2008；Li et al.，2009；Chang et al.，2014；黄继承和姜付秀，2015）。2008 年国际金融危机的爆发使学者们开始重新审视宏观因素对企业杠杆率的影响。已有研究表明，企业杠杆率在受到企业层面因素和行业因素影响的同时，也会依赖于诸如宏观经济政策、经济周期、制度环境等宏观因素的变动，但宏观变量对企业杠杆率的影响往往会在具体不同企业间呈现出显著异质性（曾海舰和苏冬蔚，2009；李增福等，2012；黄继承等，2014）。如黄继承和姜付秀（2015）指出，尽管产品市场竞争对企业杠杆率调整速度的影响在不同所有制企业间并无显著差异，但融资约束的不同却会对产品市场竞争与企业杠杆率调整速度之间的关系造成显著影响，产品市场竞争加剧时融资约束程度较低的企业，其杠杆率调整速度会更快。同样，货币政策对企业杠杆率的影响也会在不同企业间呈现出显著差异性（马文超和胡思玥，2013）。由于信贷歧视的存在，当货币政策收紧时，非国有企业享有的信贷资金会出现更大幅度的降低，而当货币政策更加宽松时，新增的信贷资源却会更多地配置到低效的国企部门（陆正飞等，2009；饶品贵和姜国华，2013）。

从企业资产周转率和增加值率的角度看，信贷资源在企业间的低效配置对信贷向增加值的转化效率具有抑制作用（胡志鹏，2014）。2008 年国际金融危机后，我国大量金融资源流入资产周转率和增加率较低的企业，使企业外部债权融资难以形成与负债相匹配的资产，从而导致了企业部门资产效益的降低，最终表现为宏观杠杆率的飙升。国际金融危机后，我国产业结构开始逐步进入由制造业主导向服务业主导的转型期，与此同时，传统产业利润水平出现下滑，企业部门金融化程度提高。产业结构转型期间传统行业利润的降低和企业金融化程度的增加进一步挤出了企业的实业投资，限制了生产要素向产出转化的效率，使我国实际 GDP 增速和 GDP 通货膨胀因子增速在这一时期均表现为下降，企业盈利能力受损。尽管企业在该宏观环境下会缩减负债，但其负债缩减速度慢于产出的下滑速度，因此，宏观杠杆率反而处于上升阶段（张成思和张步昙，2016；纪敏等，2017；张斌等，2018）。另外，一些传统行业中"僵尸企业"的存在，无效占用了大量信贷资源，挤出了其他企业的融资（聂辉华等，2016；谭语嫣等，2017），进一步降低了信贷转化为产出的效率。

2008年国际金融危机后，我国非金融企业杠杆率的"国进民退"和国有企业与非国有企业盈利水平间的相悖，意味着我国企业间金融资源错配程度在不断增加。从已有研究看，对我国杠杆率"国进民退"现象存在以下四种解释：第一种解释从政企关联和软预算约束角度入手，认为国有企业相比非国有企业，享有政府的隐性担保，更容易获得贷款并且贷款期限也更长（江伟和李斌，2006；方军雄，2007）。银行偏好于向具有政治关联以及享有政府隐性担保的企业提供贷款（Cull et al.，2015；Cong et al.，2018），政府隐性担保带动信贷资源从高效的非国企向低效的国企集中（Bai et al.，2016），并且在国企预算软约束的内在优势下，这种具有偏向性的银行贷款是政府补贴和干预的一种重要手段（王珏等，2015）。第二种解释是从产业差异角度入手，认为在资源类重工业行业中的企业相比其他行业拥有充足的抵押品，因此更容易获得抵押贷款（纪洋等，2018）。而大多数国有企业均属于此类资源类重工业行业，这使国有企业相比非国有企业更容易获得抵押贷款。第三种解释则是从企业规模入手，认为国有企业平均规模较大，企业规模与企业融资能力呈现显著的正相关关系，银行更倾向于为大规模企业提供贷款，因此国有企业相比规模较小的民营企业而言更具有融资优势（苟琴等，2014）。第四种解释从经济政策不确定性角度入手，纪洋等（2018）以及 Wang et al.（2016）认为在经济不确定性整体上升的背景下，国企的贷款风险相对更低，从而使银行的信贷资金从非国企向国企转移。经济政策不确定性在金融危机期间出现了明显上升，融资约束较高的企业为防止政策波动带来的损失，其投资行为更加保守，债务缩进幅度较大，而融资约束较低的企业，特别是国有企业，由于其在中国的特殊经济地位，债务调整幅度较小，甚至为响应政府的刺激计划会继续扩大投资。因此，随着经济政策不确定性的上升，国企和非国企融资需求的差异性被放大（Wang et al.，2016；Cull et al.，2015；Gilchrist et al.，2014）。

综上所述，已有文献从宏观层面和微观层面对我国非金融企业部门杠杆率快速上升的原因进行了较为充分的分析。从宏观角度来看，我国在国际金融危机后实施的宽松货币政策和财政政策、以银行为主导的融资体系和相应制度环境被认为是导致我国非金融企业部门杠杆率较高的宏观因素。从微观角度看，非金融企业部门杠杆率的上升主要受到了国有企业杠杆率上升的推动。同时，杠杆率"国进民退"这一现象背后所代表的大量金融资源流向资产周转率和增加率较低的企业导致资产效益的大幅度下降，也是我国非金融企业部门杠杆率快速上升的主要原因之一。随着经济金融全球化进程的不断加深，特别是在国际金融危机之后全球性因素在企业杠杆率决定中的作用越来越明显（Herwadkar，2017），我国非金融企业部门杠杆率不可避免地会受到全球流动性的影响（潘晶，2016；谭小芬和李源，2018）。因此，在充分了解我国非金融企业部门杠杆率快速上升背后的国内因素的同时，也应该给予全球性因素足够的关注，这对于我国非金融企业部门去杠杆的顺利实施具有重要的启示作用。

2.4 货币政策与去杠杆

通常来说，降低宏观杠杆率的思路有两种：其一，刺激 GDP 增长，做大分母，使债务扩张的速度低于 GDP 增长的速度；其二，减少债务规模，做小分子，但要注意保持经济增速下滑的速度低于债务规模降低的速度，否则会引发"债务—通缩"循环（陆婷，2015）。中国经济自 2014 年进入新常态，由高速发展转为高质量发展，之前的快速增长模式难以重复，反而之前快速增长所遗留的各类问题亟待解决。因此，当前想要通过刺激 GDP 增长来降低宏观杠杆率的思路未必可行，至少在短期内难以实现（陆婷，2015）。同时，在中国典型的投资拉动型经济增长模式下，陆婷和余永定（2015）通过分析企业债务/GDP 的潜在动态路径发现，此时如果进一步采用刺激政策来推动 GDP 增长，并不会有助于非金融企业部门杠杆率的降低，反而会导致长期风险越来越大。因此，结合我国非金融企业部门杠杆率高企的原因，在有关如何有效降低我国非金融企业部门杠杆率、防范系统性风险爆发的问题上，已有文献大多是从控制企业债务规模、提升资产效率以及深层次结构性改革角度出发进行分析（樊纲，2013；徐忠，2018）。

从目前已有的研究看，在关于如何实施非金融企业去杠杆上，我国学术界已达成如下共识：首先，要区分非金融企业高杠杆中"好的杠杆"和"坏的杠杆"，对"好的杠杆"要予以维持，杜绝"一刀切"行为。其次，对非金融企业部门杠杆率实行跨部门转移，处置"僵尸企业"、实施债务重组。再次，避免通货紧缩和经济出现大幅度下滑，维持经济稳定，为去杠杆提供良好的宏观环境。最后，大力发展直接融资市场，强化企业股权融资能力。深层次结构性改革对降低我国非金融企业部门杠杆率的作用固然十分重要，然而，这些深层次结构性改革需要逐步推进，短期内难以见效（胡志鹏，2014）。因此，寻找短期内可以有效控制非金融企业部门高杠杆问题的抓手成为国内学者和政策制定者的首要任务。从短期来看，货币信贷投放对高杠杆率有着直接的促成作用。事实上，企业融资行为是资金供需共同作用的结果，由于金融市场存在着各种各样的摩擦，资金供给并不能完全满足企业的资金需求，资金供给冲击往往显著影响企业的融资行为（Leary，2009；Lemmon and Roberts，2010）。货币政策作为一国调控社会资金供给量的重要手段，无论是政府对于各类政策措施的抉择，还是从社会舆论的角度，短期内控制杠杆率快速攀升，防止宏观系统性风险进一步积聚的关键都掌握在货币当局手上。通常当央行收紧货币政策时，一方面抬高利率将造成企业资产负债表的恶化，降低企业抵押品价值，提高其融资难度；另一方面信贷供给的收缩将直接减少企业贷款，从而使企业债务融资规模降低（Gertler and Gilchrist，1994）。因此，在主动去杠杆进程中实施紧缩性货币政策似乎是一个无须争论的事实。但目前来看，对于货币政策在去杠杆进程中发挥什么作用，学术界仍存在很大争议。

从微观企业层面看，在公司金融领域已有文献开始研究货币政策调整对企业杠杆率的影响。自 Gertler 和 Gilchrist（1994）提出货币政策调整对实体经济影响的资产负债表渠道和信贷渠道以来，后续研究多是基于上述渠道对货币政策与企业融资决策之间的关系展开研究。已有文献研究表明，货币政策与企业债务融资之间呈现正相关关系，即宽松的货币政策会导致企业债务增加，紧缩性货币政策会减少企业外部债务融资。但同时，货币政策对企业资本结构的影响在不同企业间会呈现出显著差异性。如 Gertler et al.（2007）指出，货币政策调整对企业融资的影响在具有不同融资约束（如低信用评级、企业规模小、抵押品少、现金存款较少）的企业间会存在显著的异质性。当货币政策紧缩时，存在较大融资约束的企业，其获得银行贷款的可能性会出现更大幅度的降低（Nilsen，2002）。对于国内相关领域的研究而言，马文超和胡思玥（2012）的研究同样指出，在我国具有不同融资约束的企业的资本结构对货币政策变动的反应存在显著差异性。当货币政策紧缩时，具有较高融资约束企业的杠杆率会出现较大幅度的下降；而在货币政策宽松时，具有较高融资约束企业的杠杆率上升幅度却相对较低。同样，曾令涛和汪超（2015）认为具有较高融资约束企业的杠杆率在发生货币政策紧缩时相比具有较低融资约束企业的杠杆率会出现更大幅度的降低。李海海和邓柏冰（2014）则进一步提出，不同行业中的企业，其各自资本结构对货币政策的反应存在显著差异。不过，Cooley 和 Quadrini（2006）指出，尽管不同类型企业债务融资对货币政策调整的反应存在差别，但企业融资决策最终依赖于企业增加债务融资所带来的边际成本和边际收益。上述研究结果表明，尽管紧缩性货币政策从理论上看会通过推升企业融资成本、降低信贷供给导致企业减少债务融资，然而，当前我国非金融企业高杠杆主要集中于大型企业、国有企业和传统行业中的企业，上述企业往往也是融资约束程度较低的企业。因此，在当前环境下，紧缩性货币政策并不一定能够化解我国非金融企业杠杆率面临的结构性问题。货币政策在我国非金融企业部门主动去杠杆进程中该如何发挥作用，对我国不同类型企业会造成何种影响，值得从企业层面做进一步研究。

事实上，随着我国宏观杠杆率的持续攀升，为了防控经济金融风险，央行自 2013 年就已实施了"名松实紧"的货币政策，从货币政策的主要指标看，M2 增速 2013 年第二季度以来出现了大幅度下调。然而，中国杠杆率却并未呈现出企稳趋势，反而越来越高。现实形势与预期初衷的严重背离，使货币政策在去杠杆进程中该如何发挥作用吸引了学者们的关注和研究。宋国青（2014）通过考察我国名义 GDP 增长率和 M2 增长率在 1993—1994 年和 1998—1999 年两个阶段的关系提出，调整货币政策将同时影响宏观杠杆率的分子和分母，即债务和产出。当社会总负债对货币供应量的弹性小于产出对货币供应量的弹性时，如果央行减少货币供应量，反而将带来一国杠杆率的增加；反之，央行减少货币供应量才会导致一国杠杆率的降低。胡志鹏（2014）认为，在当前宏观环境下，实施紧缩性货币政策确实可以在短期内压低杠杆率，但杠杆率会很快出现回升，产出会面临较长时间的持续下滑。同时，紧缩性货币政策导致的融资成本上升会使中小企业融资更加困难，将信贷资源进一步地向非金融企业高杠杆重灾区挤入，导致债务风险进一步积聚（胡志鹏，2014）。徐建国（2016）认为紧缩性货币政策并不有助于降低杠杆率，反而会导致宏观杠杆率上升。主要原因在于，紧缩性货币政策会导致利率上升和经济下滑，从而使经济各部门债务利息负担加重和收入降低，最终导致借贷者权益降低、选择借新债还旧债，杠杆率上升。刘晓光和张杰平（2016）通过构建含有金融加速器的修正动态随机一般均衡（DSGE）模型对我国货币供应量和杠杆率之间的关系进行了研究，同样指出，货币供应量的减少会导致产出和投资相比债务规模出现更大幅度的下降，从而使宏观杠杆率上升。

综上所述，目前有关我国货币政策在非金融企业部门去杠杆进程中如何发挥作用的研究主要集中于定性分析和宏观理论模型推导，均是选择从债务和产出对货币政策的反应程度入手分析货币政策与宏观杠杆率之间的关系，认为以当前中国非金融企业部门债务现状看，紧缩性货币政策并不一定能够顺利实现去杠杆的目标。不论何种宏观经济政策，其效应的发挥最终还是要作用于微观层面。因此，有关我国货币政策在去杠杆进程中该如何作为的研究不应仅局限于宏观分析，还需要在微观层面展开进一步研究。特别是，我国非金融企业又存在诸如杠杆率"国进民退"等结构性问题，这进一步增加了通过微观层面数据对货币政策在企业去杠杆中的效应进行分析的需求。

货币政策作为一项总量政策，很难通过其解决结构性问题，特别是在当前中国经济同时面临调结构和结构化去杠杆的大环境下（徐建国，2016；汪涛，2016）。不论货币政策如何调整均需要通过诸如资产价格渠道、信贷渠道等传导渠道对实体经济产生影响。由于资本市场发展相对滞后，银行在金融系统中发挥着重要作用，典型的银行主导型金融结构使信贷渠道成为我国货币政策传导的主要渠道，其传导机制中基本不存在利率传导渠道，主要的传导渠道或中介目标是信贷规模（盛松成和吴培新，2008）。银行主导型金融体系更有助于传统的、安全性高的行业或企业实现外部融资，市场主导型金融体系则更有助于创新型行业或高成长性企业实现外部融资（Allen et al.，2012；谭小芬和李源，2019），而传统行业或企业恰好是中国非金融企业高杠杆的重灾区。因此，在我国特有的经济体制下，这种高度依赖银行信贷的间接融资方式进一步加剧了货币政策保障我国非金融企业部门实现结构化去杠杆的难度。一般而言，企业外部融资方式主要有两种：股权融资和债权融资。通过股权融资所获得的资金将作为企业权益资金进入企业资产负债表，有助于企业降低杠杆率；通过银行信贷等债权融资获得的资金将作为债务进入企业资产负债表，如果企业运用资金的效率不够高，那么将会导致企业杠杆率的上升。典型的银行主导型金融体系被认为是中国企业杠杆率偏高的重要结构性因素（姚洋和范保军，2016）。金融结构市场化程度的增加有助于拓宽非金融企业的融资渠道，特别是股权融资。据此，众多学者和国内政策制定者对大力发展资本市场、提高直接融资占比和股权融资在我国非金融企业结构化去杠杆进程中的作用寄予了极大期待。同时，我国资本市场的不断发展以及金融结构市场化程度的增加，将有助于改善货币政策主要通过信贷渠道传导至实体经济的机制，提升如利率渠道、资产价格渠道等其他传导渠道在货币政策传递过程中的效应，并且非金融企业在国内外部融资渠道的丰富还有助于缓解国内企业对海外融资的需求（Alter and Elekdag，2016）。当前已有文献从定性角度分析后认为，深化金融体系改革，大力发展资本市场，推进资金供给结构的调整优化，减少企业对债务融资和信贷杠杆的依赖性，就可以缓解我国当前面临的高杠杆难题，这样的论断缺乏严密的经验分析和实证验证。

第三章　中国非金融企业杠杆率的特征事实：现状、成因、风险

3.1　引言

现阶段高杠杆几乎成为令大众谈虎色变的经济现象，去杠杆是当前经济金融领域热议的重要话题，也是中国供给侧结构性改革的重要内容。对私人非金融部门（居民部门和非金融企业部门）而言，杠杆率的上升意味着社会中的消费和生产性投资需求可以得到更好的满足，从这一角度看，杠杆率的上升有利于促进经济更快地增长。但过高的杠杆水平和过快的杠杆增速通常也意味着国家需要承担较高的债务风险与系统性风险。私人非金融部门债务占 GDP 比例的快速增长是金融危机的一个显著预警指标。摩根士丹利资产管理公司的首席宏观策略分析师鲁奇尔·夏尔马（Ruchir Sharma）在《国家兴衰》一书中对 1600 年至今的经济数据进行了分析，结果发现，若一国私人非金融部门债务与 GDP 的比值在 5 年之内增幅超过 40%，那么这个国家在接下来的 5 年中将很有可能陷入危机。国际清算银行（BIS）的统计数据显示，中国私人非金融部门信贷占 GDP 的比例由 2009 年的 139.6% 上升至 2017 年的 195.3%，2012—2017 年增幅达到 39.1%。中国私人非金融部门杠杆率近些年的增速已接近爆发经济危机的历史经验值。

从具体经济部门看，非金融企业部门杠杆率的迅速增加是本次中国非金融部门杠杆率快速上升的主要推动力量①。非金融企业部门杠杆率在

---

① 国际清算银行（BIS）的统计数据显示，中国非金融企业部门信贷占 GDP 的比例由 2009 年第四季度的 115.9% 上升至 2017 年第四季度的 146.9%，2012—2017 年增幅为 20.7 个百分点。同期，居民部门杠杆率上涨幅度为 18.7 个百分点，于 2017 年第四季度达到 48.4%；政府部门杠杆率上涨幅度为 11.8 个百分点，于 2017 年第四季度达到 46.2%。

总体经济增速较高、总需求强劲的时期快速增加本身无可厚非。然而，我国非金融企业财务状况和宏观经济基本面在非金融企业部门杠杆率不断攀升的时期却呈现出不同程度的恶化趋势，这无疑会使我国非金融企业部门的潜在债务风险不断积聚。另外，世界主要发达国家（G4）货币政策的正常化预示着全球金融环境和流动性在未来将逐步趋紧，这势必会对包括中国在内的新兴市场国家非金融企业的融资渠道和融资成本造成影响。特别是对那些发行大量外币计价债务的企业，全球利率的上升会使其未来偿债负担加重。为此，众多学者和国际研究机构（如国际货币基金组织、国际清算银行等）纷纷建议中国应高度重视非金融企业部门杠杆率快速上升的问题，积极主动寻求降低杠杆的方法，以防止债务风险和系统性风险的发生。基于此，本章将通过引入亚洲金融危机前夕危机国家的非金融企业各指标作为对照基准，对中国非金融企业杠杆率现状、高杠杆的成因以及潜在债务风险进行分析，以期能够为我国去杠杆目标的设定和相应政策选项的出台提供准确的指引。

3.2　中国非金融企业部门杠杆率现状

国际清算银行（BIS）统计数据显示，中国非金融企业部门杠杆率发生明显上升是在 2011 年之后，2011—2016 年中国非金融企业部门杠杆率由 115.9% 上升至 152.6%，6 年内上涨了 31.7 个百分点。尽管进入 2017 年后非金融企业部门杠杆率有所降低，下降至 2017 年第四季度的 146.9%，但在 2018 年第二季度又回升至 155.1%。新兴市场国家非金融企业部门杠杆率在 2011—2017 年的涨幅则为 30.1 个百分点，于 2017 年第四季度达到 98.1%②；同期，发达国家非金融企业部门债务占 GDP 比重则由 86.1% 上升至 92.5%，增幅仅约为 6%。不难看出，自美国次贷危机爆发以来，中国非金融企业部门债务水平的上升速度远快于发达国

---

② 新兴市场国家包括阿根廷、巴西、智利、中国、哥伦比亚、捷克、匈牙利、印度、印度尼西亚、以色列、韩国、马来西亚、墨西哥、波兰、俄罗斯、沙特阿拉伯、新加坡、南非、泰国、土耳其。具体参照：https://www.bis.org/statistics/totcredit/credpriv_doc.pdf。

家和新兴市场国家的平均水平，并且远高于亚洲金融危机前夕（1996 年）危机国家（地区）非金融企业部门杠杆率98%的平均值（权重为各国GDP）。③

3.2.1 非金融企业部门杠杆率的跨国对比

新兴市场国家非金融企业部门杠杆率在国际金融危机后总体表现为上升趋势，但这一变动趋势在不同新兴市场国家间也存在显著差异（见图 3 - 1）。具体来看，2016 年中国、新加坡、智利等国家的非金融企业部门杠杆率明显高于亚洲金融危机前夕危机国家（地区）98%的平均值，同时 5 年（2011—2016 年）内上涨幅度均显著高于其余新兴市场国家，分别约为47%、38%和24%。反之，印度、以色列和匈牙利非金融企业部门杠杆率则在同期还出现了降低。其中，匈牙利和以色列非金融企业部门杠杆率的 5 年下降幅度分别约为 20%和 10%，2016 年分别降至 75%和69.6%。上述差异表明，在新兴市场国家非金融企业部门杠杆率总体上升的同时，部分新兴市场国家已步入去杠杆进程。另外，韩国 2016 年底非金融企业部门杠杆率同样高于亚洲金融危机前夕危机国家（地区）非金融企业部门杠杆率的平均水平，但其非金融企业部门杠杆率在 5 年内基本保持稳定。其余新兴市场国家非金融企业部门杠杆率尽管在 5 年内均显著上升，但 2016 年的杠杆率并未超过亚洲金融危机前夕危机国家（地区）的平均值，其中最高的为土耳其（2016 年非金融企业部门杠杆率为 64%）。

从非金融企业部门杠杆率在不同国家间的变动特征来看，国际金融危机后大多数新兴市场国家非金融企业部门杠杆率均出现了上升，其中以中国、新加坡、智利的上升幅度最为明显，且上述三个国家在 2016 年的非金融企业部门杠杆率已远高于亚洲金融危机前夕危机国家（地区）的平均水平。虽然得益于我国去杠杆进程的推进，中国非金融企业部门杠杆率在进入 2017 年后出现了降低，由 2016 年第四季度的 152.6%下降至 2017 年第四季度的 146.9%，但其在 2018 年第二季度又回升至

---

③　基于数据可得性，本书此处选取的亚洲金融危机前危机国家（地区）包括韩国、中国香港、新加坡、泰国。

155.1%。新加坡的非金融企业部门杠杆率在 2016 年之后继续呈现上升趋势，由 2016 年第四季度的 113.7% 上升至 2017 年第四季度的 118.1%，但其在 2018 年开始企稳并呈现下降趋势，于 2018 年第二季度降低至 113.1%。相比中国和新加坡，智利的非金融企业部门杠杆率在 2016 年之后则呈现下降趋势，由 101.1% 下降至 2018 年第二季度的 94.5%。因此，从 2011 年以来的变化趋势看，中国非金融企业部门杠杆率不论是其增速还是在 2018 年第二季度所达到的水平值均显著高于其他新兴市场国家，并且远高于人们用来预警金融危机的阈值和亚洲金融危机前夕危机国家（地区）的平均水平。由此看来，在众多新兴市场样本国家中，中国非金融企业部门未来爆发债务风险的可能性最高。这也是众多国际学者和研究机构认为新兴市场国家非金融企业债务风险主要集中于中国的主要原因。

　　然而，相比单纯的债务规模变动，风险债务规模的变动也许能更好地描述非金融企业部门发生债务风险的可能性。因此，本章借鉴 Pomerleano（1998）的研究思路，以利息保障倍数来划分企业风险债务，将利息保障倍数小于 2 的企业所持有的债务定义为风险债务。运用全球上市企业分析库（Osiris 数据库）中提供的各国上市企业数据（包含部分非上市企业）估计了主要新兴市场国家 2017 年非金融企业风险债务规模占比（见图 3 - 2）。结果显示，新兴市场国家中只有巴西、阿根廷、智利、印度 2017 年非金融企业风险债务规模占总债务比例高于亚洲金融危机前夕危机国家（地区）48% 的平均水平，其中阿根廷和巴西 2017 年非金融企业的风险债务比例更是超过 80%。而剩余主要新兴市场国家，如中国、韩国、俄罗斯均位于 30% 以下。因此，从风险债务比例这一指标来看，中国、新加坡、韩国非金融企业风险债务积累并没有像非金融企业部门杠杆率表现的那样显著，反而是拉美地区的巴西、阿根廷和智利非金融企业风险债务占比要远高于亚洲金融危机前夕危机国家（地区）的平均水平。但由于是采用上市企业测度风险债务比例，样本代表性有限，难以覆盖我国各类型企业，毕竟上市企业仅仅是我国几十万规模以上企业中外部融资约束最小、经营状况最好的那一小部分企业。因此，我国非金融企业风险债务占比极可能被低估，需进一步警惕国内非金融企业风险债务规模占比以及潜在债务风险。

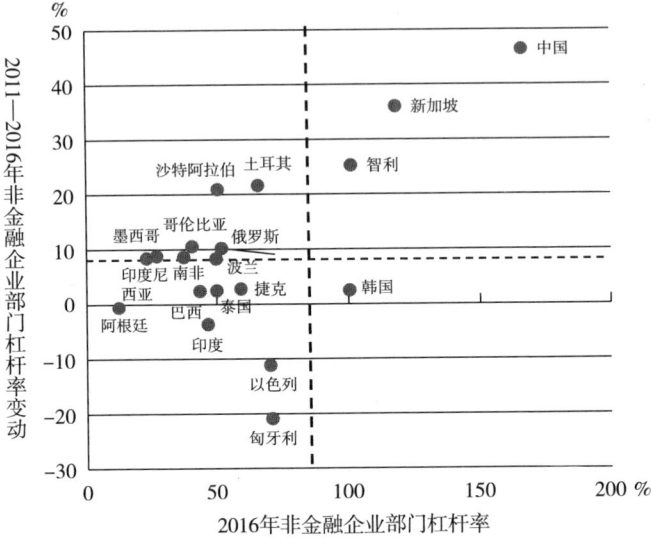

图 3-1 新兴市场国家非金融企业部门杠杆率

资料来源：国际清算银行、作者计算。

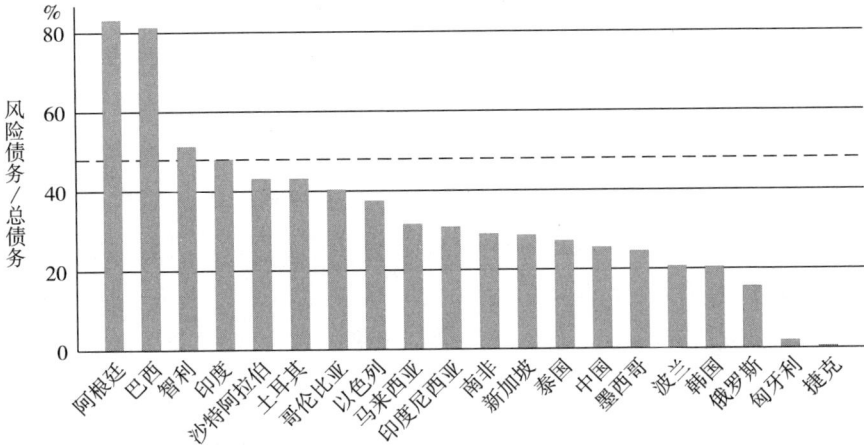

注：亚洲金融危机前夕危机国家（地区）风险债务比例按照韩国、中国香港、新加坡、泰国宏观风险债务比例1996年的GDP加权平均值。

图 3-2 各新兴市场国家风险债务比例

资料来源：全球上市企业分析库、作者计算。

综上所述，从全球范围看，高杠杆并非中国的独特现象，也是世界主要新兴市场国家面临的普遍问题。新兴市场国家非金融企业部门杠杆率在国际金融危机后，特别是 2011 年之后出现了显著上升，但这种上升趋势在不同新兴市场国家间呈现出了差异性。中国非金融企业部门杠杆率在 2011 年之后不论是在增长幅度还是在 2018 年第二季度所达到的水平值上均显著高于其余新兴市场国家，并且远高于人们用来预警金融危机的阈值和亚洲金融危机前夕危机国家（地区）的平均水平。但若从风险债务比例来看，中国非金融企业风险债务积累并没有像非金融企业部门杠杆率表现得那样明显，截至 2017 年底，中国非金融企业风险债务占比（约 26%）不仅远低于亚洲金融危机前夕危机国家（地区）的平均水平（约 48%），而且低于样本国家的平均值（约 32%）。但由于采用上市企业测度风险债务比例，样本代表性有限，我国非金融企业风险债务占比极可能会被低估。因此，国内非金融企业风险债务规模占比同样需进一步警惕，不断上升的非金融企业部门杠杆率始终是不容忽视的潜在风险。

3.2.2　非金融企业部门债务组成变动

在新兴市场国家非金融企业部门杠杆率上升的同时，新兴市场国家企业债务的组成部分同样也发生了变动。虽然银行贷款仍然是企业债务中最大的组成部分，但是国际债券融资规模占比也出现了快速增加。国际清算银行（BIS）统计数据显示，新兴市场国家非金融企业部门在国际市场上新发行和未偿还外币债券余额（美元和欧元）由 2008 年的 178.8 亿美元上升至 2017 年的 5791.2 亿美元。其中，以美元计价的债务规模占新兴市场国家非金融企业部门外债规模的约 90%。分地区来看（见表 3-1），拉美地区和欧洲地区 2017 年以欧元和美元计价的外债规模相比 2007 年均出现了显著增加。亚洲地区新兴市场国家 2017 年以欧元计价和美元计价的外债规模相比 2007 年分别上涨了 78% 和 1.3 倍；欧洲地区新兴市场国家以欧元计价和美元计价的外债规模分别增长了 1.63 倍和 1.48 倍；拉美地区新兴市场国家以欧元计价和美元计价的外债规模分别增长了 34 倍和 4 倍，这一上涨幅度要显著高于亚洲地区和欧洲地区的新兴市场国家。非洲地区新兴市场国家 2017 年以欧元计价和美元计价的外债规模相比 2007 年分别下降了 23.7% 和上涨了 134.1%。

综上所述，拉美地区新兴市场国家非金融企业部门未偿还债券余额不论是其 2017 年的存量还是增速均显著高于其他三个地区，其中欧洲地区以美元计价的未偿还债券余额虽然增速较快，但其在 2017 年的存量却是四个地区中最低的。非洲和亚洲地区 2017 年以欧元计价的未偿还债券余额相较 2007 年出现了收缩。因此，当前新兴市场国家非金融企业部门以外币计价的未偿还债券余额增加的主要推动力来自拉美地区。新兴市场国家非金融企业债务中外币债务的增加势必会导致企业资产负债表中货币错配风险的增加，从而提升企业财务状况对全球金融环境的敏感性。世界主要发达国家（G4）非常规货币政策带来期限溢价下降和资金寻求高额回报使新兴市场的国际债券发行量急剧上升，全球流动性从跨境银行贷款转向债券投资。尽管这种从银行贷款到债券融资的转变有助于新兴市场国家非金融企业融资的多样化，但是一旦发达国家退出量化宽松政策，风险随之产生。

中国非金融企业债务主要来自国内信贷，外币债务比重并不高。过去很长一段时间，中国企业主要依赖自有资金进行投资，但是国际金融危机后企业利润下降，使企业越来越依赖借款进行投资，由于中国储蓄率较高，企业主要依赖国内融资来进行投资，不过，由于国际市场上利率较低，部分企业开始进行海外借贷。中国国家外汇管理局统计数据显示，2018 年 12 月底中国外债余额 19652 亿美元，约占 GDP 的 15%，而社会融资总量高达 GDP 的 200%，而 2008 年的外债余额只有 3901.6 亿美元。除去广义政府、中央银行和其他接收存款公司部门的外债，其他部门和直接投资（企业间贷款），2018 年 12 月的外债规模为 8046 亿美元，占所有部门外债规模的 41.8%。其中，较高比例的外债属于短期贸易信贷，2018 年底，8954.6 亿美元的外债余额中，贸易信贷占到 3344 亿美元。短期贸易信贷主要通过在岸银行获得，从而掩盖了企业部门的潜在外债风险。中国非银行私营部门对于外国银行的直接风险敞口一直较为稳定，表明在岸银行通过担保和信用证的形式，充当企业海外借贷的中介。企业利用国际低利率进行融资，没有表现为企业对外国银行的风险敞口上升，却表现为跨境银行信贷的增加。

除了通过银行进行对外借款，中国企业也通过离岸债券发行在国际金融市场上进行低成本融资。中国非金融企业部门未偿还国际债券余额在国际金融危机后也呈现快速增加趋势，其中美元计价债券余额2008—2017年的增幅达到8.5倍。国际清算银行在2016年开始公布中国非金融企业以欧元计价的未偿还国际债券余额，中国非金融企业2017年以欧元计价的未偿还国际债券余额相比2016年上涨了4.36倍，达到18.4亿美元。尽管中国非金融企业部门未偿还国际债券余额增长很快，但在新兴市场国家总体未偿还国际债券余额中占比却很低。以2017年为例，中国非金融企业部门未偿还国际债券余额（美元和欧元加总）占亚洲和太平洋地区新兴市场国家总体余额的约15%，仅占到全部新兴市场国家的4%。不可否认，国际金融危机后国际债券市场进入壁垒和融资成本的降低使新兴市场国家非金融企业获得了更好的外部融资机会。但随着美国等发达经济体的基准利率逐步回归正常水平，届时将会终结资金向新兴市场国家的流入，美元（欧元）相对新兴市场国家货币会出现升值趋势，美元（欧元）债务的融资优势将逐步消失，企业汇率风险敞口增加。尽管中国非金融企业部门未偿还国际债券规模相比较低，但若此时发债企业自身盈利水平和偿债能力出现问题，则很有可能会引发偿债风险。特别是对于海外融资的民营企业，其本身境内融资就存在融资成本高、融资环境不确定的风险，国际金融环境的趋紧很可能会导致民营企业流动性风险的进一步上升，甚至导致局部债务违约现象的出现。

表3-1　新兴市场国家非金融企业部门未偿还国际债券余额

债券类别	2008年	2009年	2010年	2011年	2012年	2013年	2014年	2015年	2016年	2017年	2008—2017年增幅（%）
新兴市场国家											
欧元债券	15.38	19.79	25.98	27.19	31.96	41.96	45.27	47.59	51.60	60.17	291.2
美元债券	163.53	195.48	230.92	276.50	321.27	378.84	422.67	443.86	477.88	518.95	217.3

债券类别	2008 年	2009 年	2010 年	2011 年	2012 年	2013 年	2014 年	2015 年	2016 年	2017 年	2008—2017 年增幅（%）
非洲和中东											
欧元债券	6.03	6.18	6.08	6.57	5.92	3.05	5.36	5.07	4.49	4.60	−23.7
美元债券	30.59	36.98	41.38	50.22	55.18	54.64	61.87	69.97	67.29	71.61	134.1
亚洲和太平洋地区											
欧元债券	2.91	2.86	2.17	1.29	1.28	2.20	3.30	2.85	2.71	5.20	78.7
美元债券	65.53	73.02	80.37	85.80	92.01	110.55	122.11	124.32	133.13	150.79	130.1
欧洲地区											
欧元债券	6.20	8.88	11.65	12.28	15.26	20.17	18.10	15.02	15.51	16.31	163.1
美元债券	15.57	16.55	20.00	23.80	32.00	40.27	39.10	39.56	39.13	38.70	148.6
拉美地区											
欧元债券	0.15	1.88	6.09	7.05	9.50	16.55	18.52	24.66	28.88	34.06	22606.7
美元债券	51.86	68.94	89.17	116.68	142.08	173.39	199.59	210.01	238.34	257.85	397.2
中国											
欧元债券	—	—	—	—	—	—	—	—	0.422	1.84	—
美元债券	2.28	2.82	3.21	4.66	5.00	7.92	7.96	9.13	16.05	21.52	843.8

注：数值为新兴市场国家非金融企业部门（以发行人居住地为标准）当年在国际债券市场中新发行和未偿还债券余额。单位为 10 亿美元。

资料来源：国际清算银行。

3.2.3　非金融企业杠杆率的结构性问题

仅依靠宏观层面分析并不有助于描述企业杠杆率在微观层面上的结构性问题，正如钟宁桦等（2016）在其研究中所提出的，我国"宏微观杠杆率背离"现象的存在使我们很难仅通过宏观杠杆率对中国非金融企业的杠杆率问题进行准确认识。因此，本部分将结合上市企业数据和工业企业数据库对中国非金融企业杠杆率的结构性问题进行详细描述和分析。

1. 企业特征

不同类型企业的杠杆率表现出显著异质性。首先，从企业所有制属性来看，如图3-3所示，2008年国有上市企业杠杆率超过非国有上市企业，形成相互背离的"剪刀差"。从平均水平来看，2000—2008年，非国有和国有上市企业的平均杠杆率分别为54.3%和50.9%；该指标在2009—2017年的平均值则分别变为55.7%和61.1%。规模以上工业企业杠杆率也表现出类似特点，非国有工业企业资产负债率在2007—2017年由59.1%逐年下滑至52.5%，而同期国有控股工业企业资产负债率则由57.5%上升至60.4%。因此，从不同所有制属性看，2008年之后我国非金融企业杠杆率呈现出显著的"国进民退"特征。

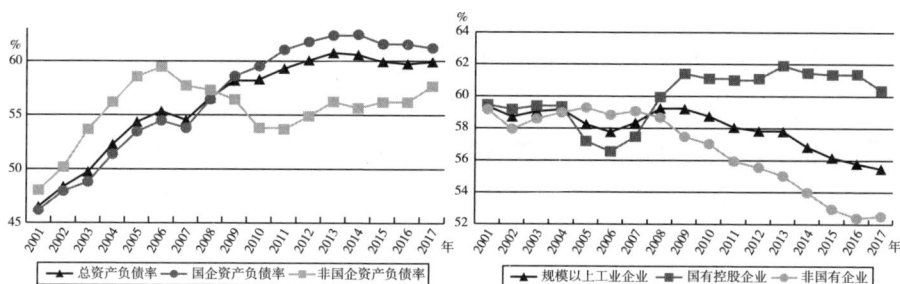

图3-3 非金融上市企业杠杆率（不同所有制）

资料来源：数据来自 Wind 资讯、国家统计局及作者计算。

其次，不同规模企业的杠杆率也存在显著差异。由上市企业数据（图3-4左图）可以看到，2008年之后小规模上市企业的杠杆率呈现出显著下降趋势，由2008年的45%下降至2011年的30%，之后略有波动，但截至2017年底始终维持在约30%的水平；反观大规模上市企业，其杠杆率在2008年后反而呈现出缓慢上升趋势，直至2012年之后开始缓慢降低，但截至2017年底水平值仍高于55%。工业企业数据（图3-4右图）呈现出相同的变动趋势。三种不同规模的工业企业中，大型工业企业的资产负债率从2003年呈现稳步上升的趋势，2014年后逐步下降，但仍明显高于中型和小型工业企业的资产负债率水平，表现出"剪刀差"的特征。

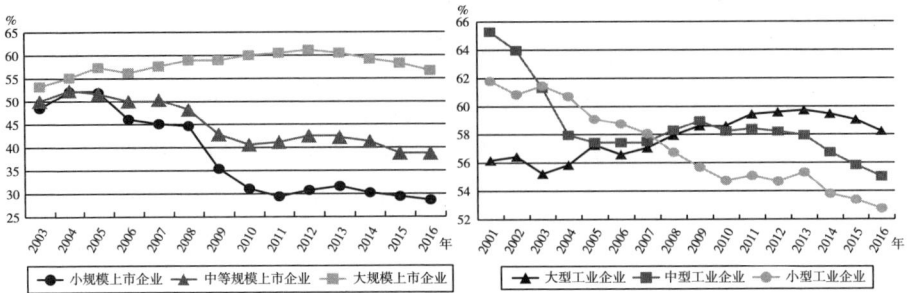

注：左图为不同规模的上市企业总资产负债率，右图为不同规模的规模以上工业企业总资产负债率。

图 3 - 4　非金融企业杠杆率（不同规模）

资料来源：数据来自国泰安数据库、国家统计局和作者计算。

最后，不同盈利水平企业的杠杆率也存在显著差异（如图 3 - 5 所示）。三种不同盈利水平的上市企业中，低盈利水平企业的杠杆率在经历金融危机后最初的降低后，于 2012 年步入平稳阶段，约维持在 47% 的水平值。反观高盈利水平企业的杠杆率，不仅平均值始终低于低盈利水平企业，且在 2013 年后仍呈现出显著降低趋势。

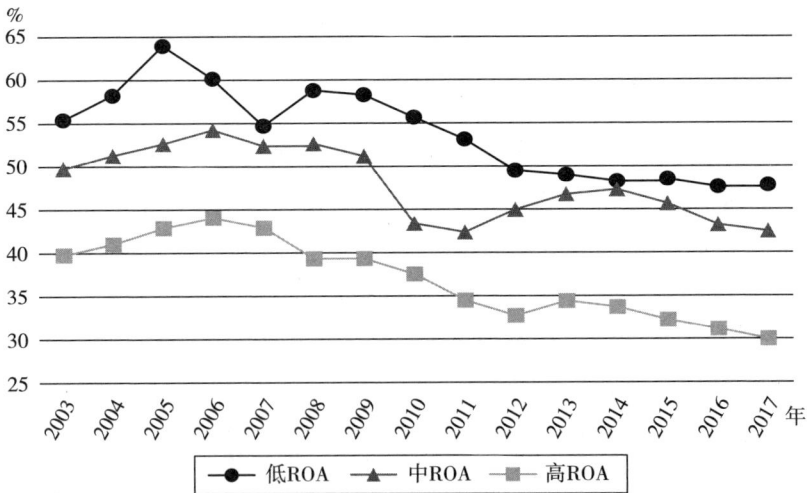

注：本书采用总资产收益率（ROA）表示企业盈利水平。

图 3 - 5　非金融上市企业杠杆率（不同盈利水平）

资料来源：数据来自国泰安及作者计算。

40

综上所述，总体上看，我国微观企业杠杆率在国际金融危机后并未呈现明显的上升趋势，从上市企业数据看，上市非金融企业杠杆率在国际金融危机后整体表现出平稳趋势，并未明显上升，而规模以上工业企业总体杠杆率在国际金融危机后还表现出下降趋势。进一步按照所有制、规模和盈利水平对样本企业分组后，可以看到国际金融危机后，高杠杆问题主要集中在大型企业、国有企业或低盈利水平的企业。

2. 行业特征

国际金融危机后，处于不同行业的非金融企业，其杠杆率变动趋势表现出显著差异，如图 3-6 所示。按照全球行业分类代码二分位数对中国非金融上市企业进行行业分类，在剔除金融行业后共分为 10 个行业。大多数行业危机后（2011—2017 年）的平均杠杆率相较危机前（2000—2007 年）并未明显上升，反而降低。杠杆率在金融危机后明显上升的行业主要集中在公用事业和原材料行业（图 3-6 左图）。这意味着，若从行业平均杠杆率这一指标变动情况看，中国大多数行业杠杆率在国际金融危机后均出现了明显下降，高杠杆问题并不严重。金融危机后中国非金融企业杠杆率高企主要是公用事业和房地产行业中企业杠杆率增加所致。

在进一步考察行业风险债务占比这一指标时，可以看到风险债务占比在危机后出现上升的行业要远多于杠杆率上升的行业（图 3-6 右图）。如能源、原材料、消费者日常用品、信息与科技和公用事业行业的风险债务占比相较危机前均明显增加。这意味着，上述行业中企业的盈利能力在国际金融危机后出现了显著下降。特别是原材料行业，其风险债务占比在危机后的平均值相较危机前上升了近 6 倍，而公用事业行业风险债务占比和杠杆率双双上升的现象同样值得警惕。

3. 地区特征

中国非金融企业杠杆率在不同地区间同样存在显著差异④，如图 3-7

---

④　本书按照国家统计局的划分标准描述不同地区间非金融企业杠杆率的变动趋势，东部地区包括北京、天津、河北、上海、江苏、浙江、福建、山东、广东和海南；中部地区包括山西、安徽、江西、河南、湖北和湖南；西部地区包括内蒙古、广西、重庆、四川、贵州、云南、西藏、陕西、甘肃、青海、宁夏、新疆；东北地区包括黑龙江、吉林和辽宁。

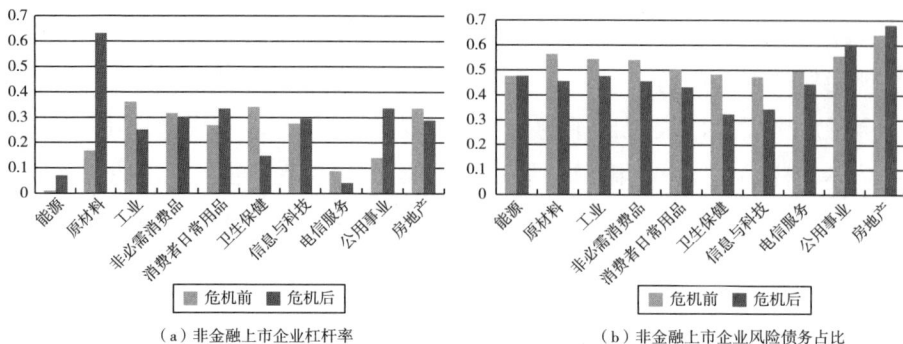

（a）非金融上市企业杠杆率　　　　　　（b）非金融上市企业风险债务占比

图 3 - 6　非金融上市企业杠杆率（左）和风险债务占比（右）（不同行业）

资料来源：数据来源于全球上市企业分析库（Osiris 数据库）以及作者计算。

所示。由上市企业数据（图 3 - 7 左图）可以看到，2008 年之后东部地区企业平均杠杆率要低于其他三个地区的企业平均杠杆率。2008 年之后东部地区企业杠杆率出现了最大幅度的下降，2012 年之后东部地区企业杠杆率出现短暂回升，2014 年又重新下降至 2017 年底的 39%。西部地区和东北地区企业杠杆率在 2014 年之前非常接近，但在 2014 年之后西部地区企业杠杆率出现明显下降。从工业企业数据来看（图 3 - 7 右图），东部和中部地区规模以上工业企业杠杆率的变动趋势和上市企业并无明显差别。但西部和东北地区规模以上工业企业杠杆率的变动趋势与该地区上市企业杠杆率的变动趋势却存在明显差别。2008 年之后，西部地区和东北地区规模以上工业企业杠杆率均呈现出持续上升趋势，直至 2015 年西部地区规模以上工业企业杠杆率趋势平稳，而东北地区规模以上工业企业杠杆率仍呈现上升趋势。截至 2017 年底，西部地区规模以上工业企业杠杆率处于四个地区间的首位，约为 62%，其次为东北地区，约为 60%。

综上所述，虽然中国非金融企业部门存在明显的宏微观杠杆率背离现象，即在非金融企业部门宏观杠杆率不断上升的同时，微观企业杠杆率整体来看却在同期呈现下降趋势，但中国非金融企业微观杠杆率存在显著的结构性问题。具体来说，从不同类型企业看，微观企业杠杆率下降的现象主要集中在小规模、高盈利水平和非国有企业，而大规模企业、低盈利水平企业、国有企业，其杠杆率则并未明显降低反而略有上升。从不同行业看，杠杆率上升主要集中在公用事业行业和房地产行业，其

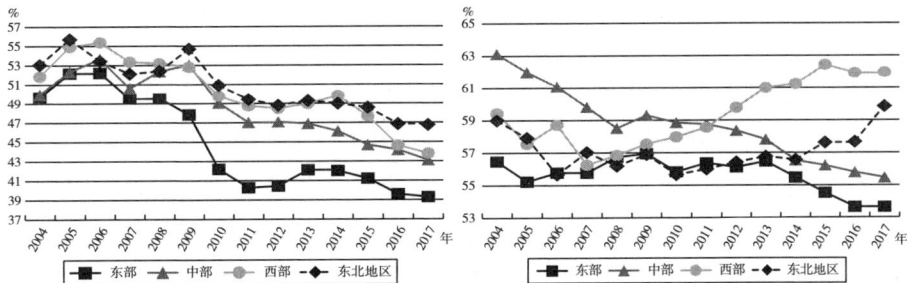

注：左图为不同地区的上市企业杠杆率，右图为不同地区的规模以上工业企业杠杆率。

图3－7 非金融企业杠杆率（不同地区）

资料来源：数据来自国泰安数据库、CEIC数据库和作者计算。

他行业在金融危机后期的平均杠杆率反而低于危机前。但能源、原材料、消费者日常用品、信息与科技和公用事业行业的风险债务占比相较危机前均出现了明显增加，这意味着盈利状况恶化的行业要多于杠杆率上升的行业，同样值得警惕。从不同地区看，中国非金融企业杠杆率上升现象主要集中于西部地区和东北地区的非金融企业，特别是规模以上工业企业。

3.3　中国非金融企业部门高杠杆的成因

由非金融企业部门杠杆率的计算公式，即非金融企业部门信贷占GDP比例，可以看出宏观杠杆率的变化并非仅仅取决于非金融企业部门的债务规模的变化，还取决于GDP增加值的变化。当国家总体经济增速强劲、总需求旺盛时，非金融企业部门更倾向于加杠杆，此时非金融企业部门杠杆率的上升并不必然意味着债务风险的积累。然而，中国实际GDP增速在金融危机后出现了明显下降，由金融危机前（2003—2007年）平均11.69%下降为危机后期（2011—2017年）的7.56%，下降了4.13个百分点。通常，实际GDP增速的下降意味着企业投资机会的减少和宏观环境的恶化，在这一情况下是什么因素在背后继续推动了中国非金融企业部门杠杆率在金融危机后期持续快速上升？

3.3.1　国内因素

从历史趋势看，中国非金融企业加杠杆可以划分为两个时期：第一个时期为国际金融危机之前（2003—2007 年），非金融企业在该时期杠杆率上升的主要原因是流动性泛滥。图 3 - 8 显示，若以 M2 作为我国货币政策代理变量，我国在国际金融危机之前实施的是宽松货币政策。在该时期，我国货币供应量实际值要高于目标值。宽松货币政策会导致社会中流动性增加，较高的流动性与企业部门的负债率密切相关，从某种意义上讲，过多的流动性增加了总体负债率。同时，该时期较高的资产收益率也进一步助推了企业杠杆率的快速攀升。企业的 ROE 上升很快，如钢铁行业和中国铝业在 2005—2008 年发生大量并购。钢铁企业 ROE 在2003—2008 年都很高，基本上是 25%，宝钢达到了 35%。在 ROE 很高的情况下企业会进行大量的投资，大量的并购都是发生在 2005—2008 年。电解铝行业的 ROE 在 2003—2008 年上升得很快，中国铝业在这一时期进行大规模并购。这时整个工业行业的利润率在上升，推动了企业扩张。宽松的货币政策又为企业提供了良好的融资环境，造成了我国非金融企业杠杆率在这一时期的上升。

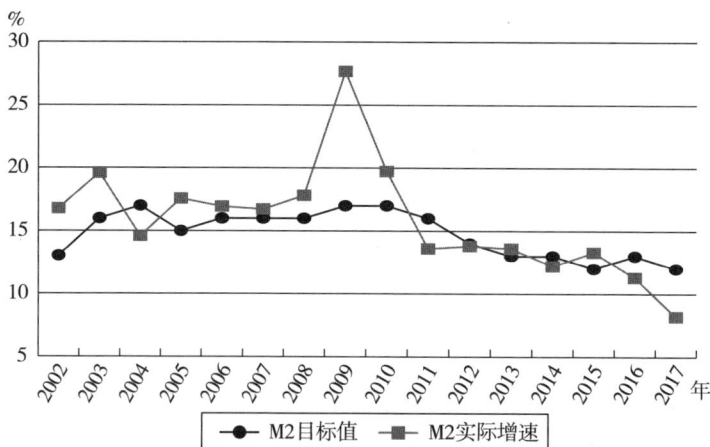

图 3 - 8　中国货币供应量目标值和实际值

资料来源：政府工作报告、Wind 数据库。

第二个时期为 2008 年国际金融危机爆发后，确切地说是在 2009 年之后。在这一时期，实体经济下行，政府为了刺激经济选择主动加杠杆。由于国有企业在我国经济体制中的特殊地位，国有企业在此次加杠杆过程中充当了非常重要的角色。所以，国有企业杠杆率在整个非金融企业部门中上升很快。由于我国是典型的银行主导型金融体系，企业投资严重依赖银行贷款。由于贷款对企业享有的是固定索取权，并不分享企业的升值潜力，银行更倾向于向传统、安全性高的行业提供融资。这使银行贷款大量流入国有企业、重资产行业、地方政府和地方融资平台（因为隐含国家信用），因为上述企业或行业拥有更好的抵押和隐性担保。而中西部地区由于享受贷款优惠，更容易吸引银行资金的流入。上述行业、地区的交集则是此轮加杠杆的重灾区。

根据优序融资理论，企业融资一般会遵循内源融资、债务融资、权益融资这样的先后顺序。随着近些年企业劳动力成本、环保成本、要素价格成本、利率市场化后资金成本的不断上升以及人民币升值压力，企业的经营压力增大。中国非金融企业的盈利能力（总资产收益率）由危机前期（2000—2007 年）6% 的平均水平下降为危机后期（2011—2017 年）的 3.6%。[5] 盈利水平的下降意味着企业自有资金的减少，从而使企业难以通过内源融资满足扩大投资的资金需求甚至难以维持正常运营。为维持企业的日常运行和投资需求，企业不得不更多地依赖外部融资。但中国资本市场发展的相对滞后，增加了企业进行股权融资的难度，使企业更易过度依赖债务融资。为此，企业不得不更多地依赖外部债务融资，从而导致了非金融企业杠杆率的上升。

2010 年以后，对于通货膨胀的担心使政府开始了一轮紧缩政策。如果 2008—2011 年的杠杆上升是宽松的结果，那么很容易形成一种错觉：紧缩应该能够将杠杆降下来。可惜的是，在初始条件不同的情况下，货币政策的效果是不对称的：宽松货币政策会提升杠杆，在高杠杆的情况下，紧缩的货币政策却未必会降低杠杆。银根紧缩，利率上行，企业利

---

⑤　该数值为中国 A 股非金融上市企业总资产收益率的平均值，数据来源于国泰安数据库。

息负担更重，同时经济增速下滑，企业收入减少，房地产市场低迷，导致企业资产缩水，企业更容易借新债还旧债，从而进一步抬升杠杆。实际上，2011 年以来的紧缩政策，不仅没有降低杠杆，而且增加了杠杆，非金融企业债务/GDP 的比例从 2011 年的 124% 上升到 2015 年 6 月底的 163%，增加了 39 个百分点，而 2008—2011 年这一比率仅仅增加 25.4 个百分点。

3.3.2 全球因素

主要发达经济体 G4（美国、英国、日本和欧元区）的货币政策和信贷宽松程度会影响全球的融资形势和流动性状况，[6] 充裕的全球流动性会通过汇率、大宗商品价格和国际资本流动间接影响新兴市场国家的经济金融形势和宏观经济政策走向（谭小芬，2010），从而对新兴市场国家非金融企业在世界范围内的融资环境和融资条件造成影响。

首先，2008 年国际金融危机后，G4 量化宽松货币政策的实施为新兴市场国家非金融企业进入国际债券市场融资提供了更好的机会。国际清算银行数据显示，新兴市场国家非金融企业部门未偿还国际债券余额由 2008 年第四季度的 1940 亿美元（占所有部门国际债券未偿还余额的 21.4%）上升至 2017 年第三季度的 6350 亿美元（占所有部门国际债券未偿还余额的 26.3%）。新兴市场国家非金融企业国际债券发行量在国际金融危机后快速上升的主要原因在于债券风险溢价和国际债券市场资金成本的降低。随着发达国家债券收益率在国际金融危机后的不断降低，资产管理公司投资组合的重新调整增加了对新兴市场非金融企业债券的需求（特别是美元计价债券），这会降低新兴市场国家非金融企业债券的风险溢价。与此同时，企业自身也会寻找更完备的债券市场，以更低的资金成本，发行规模更大、期限更长的债券。因此，国际金融危机后新兴市场国家非金融企业债券风险溢价的降低和国际债券市场资金成本的

---

⑥ G4 的金融体系提供了全球信贷的很大一部分，G4 对世界其他国家的跨境银行贷款比世界其他国家对 G4 的跨境银行贷款高出 20%（IMF，2014），而且这还没有考虑到 G4 作为国际金融中心的作用。

下降促使了新兴市场国家非金融企业国际债券发行量的猛增（Huang and Kishor，2017）。另外，在新兴市场国家货币相对美元预期升值以及汇率波动较低的时期，套利、套汇动机也是推动新兴市场国家非金融企业国际债券发行量增加的一个重要因素（Bruno and Shin，2017）。

其次，G4 量化宽松货币政策的实施会通过利率渠道、汇率渠道、资产价格渠道、信贷渠道等对新兴市场国家企业融资环境造成影响。由于各国央行不希望出现过度的资本流动，即使在那些货币政策独立和汇率浮动的国家，央行也通常不允许本国基准利率过度偏离其他国家。因此，新兴市场国家政策利率会被动跟随 G4 货币政策降低，这会通过刺激社会总需求、降低企业融资成本，推动新兴市场国家非金融企业部门债务融资规模的上升。同时，G4 量化宽松货币政策的实施会使大量跨境信贷涌入新兴市场国家，除了会直接增加新兴市场国家非金融企业外币信贷供给外，也会显著推升新兴市场国家国内的资产价格。另外，随着金融危机后金融体系和审慎监管的变化，风险承担渠道在货币政策传导机制中的重要性逐步增强。因此，发达国家量化宽松货币政策还会通过新兴经济体金融机构风险承担行为对新兴市场经济体产生外溢效应（Borio and Zhu，2012）。

总体来看，G4 量化宽松货币政策的实施使新兴市场国家中的非金融企业可以以更低的融资成本和有更多的机会去增加负债规模，从而促进新兴市场国家非金融企业部门债务规模的增加。尽管我国非金融企业部门外债规模相较于其他新兴市场国家而言并不高，但随着金融危机后全球流动性的不断宽裕，我国非金融企业部门外币债券余额增长幅度很大。我国非金融企业杠杆率在金融危机后的快速上升除受国内因素影响外，G4 量化宽松货币政策的实施同样是不容忽视的推动力量。当前人们对包括中国在内的新兴市场国家非金融企业部门债务风险担忧的背后，除新兴市场国家宏观基本面恶化和企业盈利能力下降外，G4 量化宽松货币政策的逐步退出也是重要原因之一。

3.4 中国非金融企业的债务风险

3.4.1 企业高负债率对经济金融稳定的影响

杠杆本身是现代市场经济运行的特点，杠杆对经济增长的积极作用不容忽视，但过高的杠杆率却会给经济增长和金融稳定造成显著的负面影响。

1. 降低投资、抑制经济增长

过高的企业杠杆率会增加企业违约风险、提升企业融资成本，企业外部融资约束增加会通过金融摩擦渠道对企业投资造成显著的负面影响（谭小芬和张文婧，2017）。从欧洲国家企业数据来看，国际金融危机后，杠杆率为 30% 的企业平均每年会比杠杆率为 60% 的企业多投资 1.4%，会比杠杆率为 80% 的企业多投资 2.4%（Gebauer et al.，2017）。同样地，过高的企业杠杆率在对企业投资造成负面影响的同时也会进一步抑制经济增长。从已有的研究文献来看，一般认为非金融企业部门杠杆率与经济增长之间的关系是"非线性"的，即所谓的"倒 U 形"关系。现有对经合组织（OECD）国家的研究指出，当非金融企业债务占 GDP 的比例超过 90% 的阈值后，企业债务的继续上升将不再促进经济增长反而会阻碍全要素生产率的提升（Cecchetti, et al.，2011）。进一步地，当一国政府部门和非金融企业部门杠杆率均处于较高水平时，企业部门杠杆率继续增加对经济的负面影响将表现得更为明显。

2. 加剧经济波动和引发银行业危机

当企业债务积累过度或资产价格受到外部冲击时，企业借债能力下降，企业就不得不减少生产和投资支出，并廉价出售资产以偿还债务。这会进一步压低资产价格，使企业真实债务水平上升，形成"债务—通缩"的螺旋效应，抑制总需求和加剧经济衰退。

一旦发生经济衰退，企业部门财务状况的恶化还会进一步传递给金融部门。企业盈利能力和资产价格的下降会导致企业现金流、资产价值以及抵押品价值出现大幅度降低，企业无力偿还债务，发生破产的可能

性大幅增加。企业大量债务违约和破产的发生会直接导致银行系统不良
贷款率上升，给金融体系带来系统性风险。因此，非金融企业部门过高
的杠杆率同样会提高新兴市场国家爆发银行业危机的可能性。国际清算
银行（BIS）指出一国信贷比率缺口⑦可以作为潜在银行业危机的预警指
标。若一国信贷比率缺口超过10%，一般认为该国已进入风险区域，3 年
内银行体系将面临巨大压力。已有针对新兴市场国家的研究也同样指出，
私人部门债务在危机前5 年的平均上涨幅度每增加1 个百分点会使新兴市
场国家爆发银行危机的可能性增加0.35～0.72 个百分点（Bernardini and
Forni，2017）。特别是，针对当前新兴市场国家非金融企业部门债务状况
而言，若新兴市场中的不良贷款增多，国际银行向新兴市场银行及企业
贷款的意愿将降低。同时，随着美元走强，展期硬通货债务难度加大，
新兴市场非金融企业开始从其国内账户中取出资金，这又将导致许多新
兴市场银行遭遇外汇融资风险（亨·特兰等，2015）。

3. 加深经济衰退、延迟经济复苏

过高的企业部门杠杆率会限制政府通过货币政策和财政政策对宏观
经济的调控能力。由于金融体系发展不成熟、利率传导机制不畅通等原
因，新兴市场国家货币政策有效性要远低于发达国家。过高的杠杆率则
会限制企业部门随利率降低或者信贷供给增加而进行债务融资的能力，
从而进一步弱化新兴市场国家货币政策的有效性。同时，由于"挤出效
应"的存在，政府部门债务规模的增加会提升私人企业部门债务融资成
本或挤出私人企业部门投资项目，最终导致私人部门企业投资的降低。
这一"挤出效应"在信贷供给不足、资本市场发育不成熟、企业债权和
股权融资转换成本较高的新兴市场国家表现得更为显著（Demirci et al.，
2017）。因此，一旦经济步入衰退阶段，一国较高的私人部门杠杆率会增
加该国经济衰退程度，且加大经济复苏难度和时间。现有针对新兴市场
国家的研究指出，若私人部门杠杆率在危机爆发前5 年的平均每年涨幅
为5%，新兴市场国家危机后的人均 GDP 平均下降3%，约需要3.5 年的

---

⑦ 信贷比率缺口（Credit‐to‐GDP gap）即非金融企业信贷规模与 GDP 之比与其长期趋势
之间的差额。

时间才能恢复到危机前的平均水平；若私人部门杠杆率在危机爆发前 5 年的平均每年涨幅超过 5% ，危机后人均 GDP 将平均下降 5 个百分点，经济复苏时间要超过 5 年。

3.4.2　非金融企业潜在债务风险

为对当前中国非金融企业潜在债务风险形成更为直观的认识，本书选取亚洲金融危机前夕危机国家企业财务状况作为对照基准。⑧ 之所以选择亚洲金融危机，主要考虑到亚洲金融危机爆发的微观根源正是企业债务脆弱性、隐性担保和道德风险。货币和期限错配形成的负面资产负债表效应，使亚洲地区新兴市场国家中的大量企业在亚洲金融危机期间出现破产。因此，采用亚洲金融危机前夕危机国家的企业债务水平对当前中国非金融企业财务脆弱性进行估计是一个相对更为合适的基准。本部分将选取企业流动性风险、偿还能力、盈利水平以及财务脆弱性四个指标，通过对比亚洲金融危机前夕危机国家的平均水平以及当前新兴市场国家的状况，对中国非金融企业当前潜在债务风险进行分析。

1. 流动性风险

由于流动性负债中包括了应付账款和应计负债，相比短期债务可以对企业短期流动性需求提供更好的测度，因此，本书采用流动性负债占总负债的比例对企业流动性需求进行衡量。该指标越高，表示企业短期流动性需求越大，同时也意味着企业发生流动性风险的可能性越高。总体来看，新兴市场国家非金融企业的流动性需求在国际金融危机后始终处于上升趋势，由 2009 年的 50% 上升至 2017 年的 64% ，已经明显高于亚洲金融危机前夕危机国家约 55% 的平均水平。中国非金融企业 2017 年底的流动性需求达到 67% ，高于亚洲金融危机前夕危机国家的平均水平和当前新兴市场国家的平均水平，仅低于主要新兴市场国家中印度非金融企业 78% 的流动性需求水平。因此，从企业流动性风险指标看，中国非金融企业当前的流动性风险较高。

---

⑧　亚洲金融危机前夕的危机国家包括印度尼西亚、马来西亚、菲律宾、韩国和泰国。

2. 偿付能力

覆盖率可以衡量一家公司债务偿还的能力。通常企业覆盖率越高，意味着企业偿还债务的能力越强。常见的覆盖率指标包括利息保障倍数、债务覆盖比率和资产覆盖比率。由于数据限制，本书采用息税前利润与总负债之比对企业债务偿还能力进行衡量。该指标越低，意味着企业债务偿付能力越低。国际金融危机后，新兴市场国家非金融企业债务偿付能力出现了明显下滑，由 2007 年的 27% 下降至 2017 年的 12.5%，且 2017 年非金融企业平均偿付能力要远低于亚洲金融危机前夕危机国家 23% 的平均值。从具体国家来看，除秘鲁、捷克、印度和印度尼西亚四个国家外，绝大多数新兴市场国家 2017 年非金融企业偿付能力均显著低于亚洲金融危机前夕危机国家的平均水平。中国非金融企业 2017 年偿付能力约为 11%，是所有样本国家中最低的。因此，相比新兴市场国家非金融企业金融危机前的流动性风险，新兴市场国家企业偿付能力在金融危机后期恶化得更为明显。

3. 盈利能力

债权不同于股权，企业不管盈利状况如何都必须对其债务进行偿还。上述关于企业流动性风险和偿付能力的分析主要揭示了企业在面对债务时的灵活性。而对企业潜在债务风险的另一个担忧则是，若企业债务规模的增加伴随着企业盈利能力的下降，企业将会发现越来越难以偿还其债务。本书使用总资产收益率（ROA）对新兴市场国家非金融企业盈利水平进行了分析，结果发现，新兴市场国家非金融企业盈利水平在国际金融危机后出现了明显下降，由 2007 年的 11% 下降至 2017 年的 5%，低于亚洲金融危机前夕危机国家 7.5% 的平均值。从具体国家来看，绝大多数新兴市场国家非金融企业 2017 年的盈利能力均已接近或明显低于亚洲金融危机前夕危机国家 7.5% 平均水平。中国非金融企业 2017 年的平均总资产收益率为 5%，与同期新兴市场国家的平均值相当，低于亚洲金融危机前夕危机国家的平均值。这意味着，即便中国非金融企业债务规模保持不变，不断恶化的企业盈利能力也会逐步侵蚀企业偿债能力。

4. 企业财务脆弱性

为更直观地揭示中国非金融企业当前的财务脆弱性，本书进一步采用 Altman（2005）提出的新兴市场国家 Z 值对国际金融危机后中国以及各新兴市场国家非金融企业财务脆弱性进行综合描述。[⑨] 该指标包含了经企业总资产标准化后的企业营运资本、留存收益、营业收入以及股本账面价值与总负债的比例，从企业运营的多个角度对企业财务健康状况给予一个整体评判。整体来看，新兴市场国家非金融企业的 Z 值在国际金融危机之前始终呈现上升趋势，由 2002 年的 5.3 上升至 2007 年的最高点 7.2，之后开始逐年降低，降至 2017 年的 5.46。该数值意味着，平均来看，当前新兴市场国家非金融企业财务脆弱性已进入"灰色区域"，即具有较高的破产概率。从具体国家来看，多数新兴市场国家非金融企业 2017 年的财务脆弱性均已落入"灰色区域"或者是接近"灰色区域"的临界值，甚至部分国家已落入"危机区域"。如智利、马来西亚、南非 2017 年的非金融企业 Z 值已接近"灰色区域"，分别约为 6.1、6、5.9；秘鲁、俄罗斯、中国、巴西 2017 年非金融企业 Z 值均已落入"灰色区域"，分别为 5.2、5.2、5 和 4.1；阿根廷、印度、菲律宾 2017 年非金融企业的 Z 值则已落入"危机区域"，仅分别为 3.24、1.52、0.52。如果 Altman（2005）所提出的 Z 值可以作为企业财务危机的一个前导性指标的话，上述状况表明多数新兴市场国家非金融企业存在着较高的财务脆弱性，当前新兴市场国家非金融企业具有较高的破产概率和债务风险。尽管中国 2017 年非金融企业 Z 值并未落入"危机区域"，但其 5.2 的得分仍低于当前新兴市场国家的平均水平，已经落入"灰色区域"，非金融企业的整体财务脆弱性值得警惕。

综上所述，中国非金融企业 2017 年底的企业财务脆弱性指标（Z 值）并未落入"危机区域"，但其 5.2 的得分也仅仅稍低于"灰色区域"的上

---

⑨ 新兴市场国家企业 Z 值 = 6.65 ×（营运资本/总资产）+ 3.26 ×（留存收益/总资产）+ 6.72 ×（营业收入/总资产）+ 1.05 ×（普通股账面价值/总负债）+ 3.25。Z 值越低，表明企业财务脆弱性越高，发生破产的可能性越大。如果企业 Z 值大于 6.25，则认为是处于"安全区域"；Z 值位于 3.75 ~ 5.85 之间，则认为企业处于"灰色区域"；若 Z 值小于 3.75，则认为企业处于"危机区域"。

限。这表明中国非金融企业当前并不存在高破产概率，但其企业财务脆弱性低于其他新兴市场国家同期平均值仍值得进一步警惕。同时，当前中国非金融企业流动性风险显著高于同期新兴市场国家和亚洲金融危机前夕危机国家的平均水平，即当前中国发生短期流动性风险的可能性高于亚洲金融危机前夕。而且大多数新兴市场国家非金融企业盈利水平和偿付能力在国际金融危机后明显降低，中国非金融企业的盈利水平和偿付能力仅处于当前新兴市场国家的平均水平。偿付能力的恶化意味着企业出现债务违约的可能性提升，而盈利水平的降低则进一步恶化了企业的财务状况，增加了企业债务偿付压力。这意味着，即便当前中国非金融企业部门并不必然面临债务危机，不断提升的企业财务脆弱性也将是中国经济增长和金融稳定的巨大隐患。

3.4.3　去杠杆的影响

信贷高增长会影响中国经济增长和金融稳定。国际经验表明，信贷扩张通常会伴随金融危机和经济的长期放缓，金融危机后中国企业投资规模急剧上升，投资资金主要是通过信贷获得，但是投资的效率在下降，企业利润在下滑，使企业债务的风险上升，特别是产能过剩部门国有企业的利息覆盖率（interest coverage ratio）下降。中国国内的高储蓄使高信贷增长模式更为容易，但是随着投资效率的下降，这种信贷高增长模式是很难持续的，最终将会拖累 GDP、家庭收入和储蓄。此外，资产价格的下跌会导致负债/资产比率的上升，房地产市场的调整会从资产端对企业的资产负债表产生影响，尤其是对房地产部门的影响会更大。原因在于，资产与债务是硬币的两面；当资产价格无法稳定，那么债务风险敞口将继续放大，甚至出现违约；当违约造成的恐慌在该债务市场内和债务市场间传递、放大之后，形成负向反馈效应，进而造成社会整体信用收敛。当资产价格处于下行通道之时，一方面会造成资产价值对债务的覆盖率降低，另一方面还会因"买涨不买跌"的心理效应使资产流动性快速下降，金融加速器效应出现。

由于我国高杠杆的问题（债务增速过快，地方政府和企业债务水平高，而居民部门和中央政府负债率偏低；产能过剩的国企高杠杆尤其突出），"去杠杆"和"调结构"被绑定在一起，成为这几年政府工作的主要内容之一，中国非金融企业不可能像过去那样加杠杆了。但是，去杠杆也不能过于剧烈，不能盲目去杠杆，只能以渐进缓慢的方式去杠杆。如果很快地去杠杆，很可能会引起金融危机。盲目要求非金融企业去杠杆，企业利润空间将进一步压缩，企业的流动性受到威胁，去杠杆的进程将极为困难、缓慢甚至效果适得其反。因此，未来中国去杠杆的时机和方式的选择十分重要，一方面要警惕高杠杆带来的风险，另一方面也不可盲目采取去杠杆措施。应当采取健康、积极、渐进的手段去杠杆，即在经济持续稳定增长过程中逐步化解高杠杆。

3.5　本章小结

国际金融危机后，以非金融企业部门为主的中国私人非金融部门杠杆率的迅速攀升在世界范围内引发了广泛关注和担忧。截至 2016 年末，中国非金融企业部门 152.6% 的杠杆率在国际清算银行公布的 21 个新兴市场国家（地区）中仅次于中国香港，处于第二位，远高于亚洲金融危机前夕危机国家的平均水平以及当前发达国家和新兴市场国家非金融企业部门杠杆率的平均值。同时，非金融企业部门杠杆率 5 年增幅 36.7%（2011—2016 年）在上述国家（地区）中同样仅次于中国香港。依据以往金融危机爆发的历史经验，中国非金融企业部门债务风险无疑达到了爆发的边缘。但若从微观层面风险债务占比来看，截至 2017 年底，中国非金融企业风险债务占比（约 26%），远低于亚洲金融危机前夕危机国家（地区）的平均水平（约 48%）且低于样本国家的平均值（约 32%）。国际金融危机后，中国非金融企业风险债务占比的上升主要集中在能源、原材料、消费者日常用品、信息与科技和公用事业行业。

中国非金融企业微观杠杆率存在显著的结构性问题。具体来说，从不同类型企业看，微观企业杠杆率下降的现象主要集中在小规模、高盈利水平和非国有企业，相反大规模企业、低盈利水平企业、国有企业，其杠杆率则并未出现明显降低反而略有上升。从不同行业看，杠杆率上升主要集中在公用事业行业和房地产行业，其他行业杠杆率在金融危机后期的平均水平反而低于危机前。但能源、原材料、消费者日常用品、信息与科技和公用事业行业的风险债务占比相较危机前均出现了明显增加，这意味着盈利状况恶化的行业要多于杠杆率上升的行业，这同样值得警惕。从不同地区看，中国非金融企业杠杆率上升现象主要集中于西部地区和东北地区的非金融企业，特别是规模以上工业企业。

同时值得注意的是，主要发达经济体 G4（美国、英国、日本和欧元区）的货币政策和信贷宽松程度会影响全球的融资形势和流动性状况，从而对包括中国在内的新兴市场国家非金融企业在世界范围内的融资环境和融资条件造成影响（谭小芬和李源，2018）。这主要表现在，新兴市场国家企业债务中债券融资规模占比在新兴市场国家非金融企业部门杠杆率上升的同时也出现了快速增加趋势。随着主要发达国家开启货币政策正常化的进程，全球利率水平预计会明显上升，这将增加新兴市场国家非金融企业债务偿还压力，如 2018 年初，阿根廷、土耳其、巴西及俄罗斯等国家货币持续大幅贬值，阿根廷比索 2018 年贬值幅度更是超过50%。随着美元指数的上升以及本国货币的贬值，外债负担就变得更加沉重。外债压力上升又强化了本国货币进一步贬值的预期以及增加了资本外流的压力。未来去杠杆可能制约经济增长，而经济增长的放缓将会增加去杠杆的压力，进而形成恶性循环。因此，中国需要及时、审慎地稳定或降低非金融企业部门杠杆率。特别需要注意的是，中国非金融企业部门债务规模在整个新兴市场国家中占比很高，但中国非金融企业债务规模扩张主要体现为本币债务的上升，外币债务占比很小，目前中国非金融企业的财务脆弱性尚处于"灰色区域"而非"危机区域"。因此，美元汇率升值给中国会带来一定压力，但是相对其他新兴市场国家而言，外币偿还压力相对更低一些（IMF，2015）。在这一外部环境下，我国在去杠杆进程中，应保持经济基本面的稳健和维持金融体系的稳定，针对中国的"僵尸企业"、大规模企业、国有企业、产能过剩行业和重资产行业进行结构性去杠杆。

第四章　货币政策与
非金融企业杠杆率

4.1　引言

2015 年之前我国货币供应量增速的实际值在绝大多数年份要大于其目标值（见图 3 - 8），这种宽松的货币政策直接推动了 2011 年以来我国非金融企业部门杠杆率的快速攀升。[①] 一国经济杠杆率增高可以推动投资，促进产出增加，但过高的杠杆率也会增加潜在的金融风险，甚至引发金融危机，进而对经济增长产生不利影响。为此，2015 年中央经济工作会议将"去杠杆"列为供给侧结构性改革的五大任务之一。货币政策作为一国调控社会中资金供给量的重要手段，在我国主动去杠杆进程中的定位已成为各界广泛关注的重要问题。通常，当央行收紧货币政策时，一方面抬高利率将造成企业资产负债表恶化，降低企业抵押品价值，提高其融资难度；另一方面信贷供给的收缩将直接减少企业贷款，从而使企业债务融资规模降低（Gertler and Gilchrist，1994）。因此，在主动去杠杆进程中实施紧缩性货币政策似乎是一个无须争论的事实。

事实上，随着我国经济杠杆率的持续攀升，为了防控经济金融风险，央行自 2013 年就已实施了"名松实紧"的货币政策，从货币政策的主要指标看，M2 实际同比增速自 2013 年 12 月的 13.59% 下降至 2017 年 12 月的 8.1%。但从宏观杠杆率角度看，在 M2 增长率下降的同时，中国宏观杠杆率却不断上升，堪称"中国杠杆率悖论"（刘晓光和张杰平，2016）。

---

① 2002—2015 年，我国 M2 增速的实际值只在 2004 年和 2011 年明显低于其目标值。

现实形势与初衷的严重背离，使部分学者对紧缩货币政策降杠杆的逻辑在中国当前宏观经济环境中的适用性提出了质疑，他们指出，在我国当前的杠杆水平或当前宏观经济环境下，实施紧缩性的货币政策未必能够去杠杆（宋国青，2014；刘晓光和张杰平，2016；徐建国，2016）。从微观层面看，在我国货币政策不断紧缩时期（M2 同比增速下降），我国民营企业杠杆率始终处于下降趋势，我国企业部门杠杆率的快速上升主要受到国有企业杠杆率上升的推动（钟宁桦等，2016）。但随着我国货币政策在 2015 年底之后进一步紧缩，M2 实际同比增速由 2015 年 12 月的 13.34% 下降至 2017 年底的 8.1%，民营企业杠杆率在 2015 年底却开始企稳并逐步呈现上升趋势，而国有企业杠杆率开始逐步降低。一种解释是，2015 年之后我国去杠杆政策逐步将目标集中于解决国有企业杠杆率问题，国有企业去杠杆后给私营工业企业带来了更大的经营空间，提振了私营工业企业信心，于是民营企业开始主动加杠杆。但遗憾的是，在民营企业杠杆率回升的这一时期，民营企业债务违约事件也逐步增加，这对上述解释提出了质疑。尽管已有文献指出货币政策对企业杠杆率的影响在不同企业间存在差异，但已有研究结论并不能对当前我国货币政策与企业杠杆率变动之间的关系提供有效解释。基于此，本书利用我国 A 股上市非金融企业财务数据，从微观企业层面考察了货币政策与非金融企业杠杆率之间的关系，并进一步考察了二者关系在不同地区、不同行业和不同企业间的异质性。结果表明，货币政策与企业杠杆率之间存在显著的"U"形曲线关系。因此，过度紧缩的货币政策并不利于我国主动去杠杆进程的顺利推进。从不同企业杠杆率期限看，这一"U"形关系在企业短期杠杆率中表现得更为显著；从企业所有制看，在非国有企业组别中表现得更为显著。进一步地，处于金融业市场化程度较差地区、竞争程度较低行业中的非国有企业以及实际盈利水平较低的非国有企业，其杠杆率与货币政策间的"U"形曲线关系表现得更为明显。上述异质性的存在也在一定程度上验证了替代性融资渠道和所有者权益渠道在过度紧缩货币政策推升企业杠杆率过程中的有效性。

　　本章的主要边际贡献有以下三个方面：其一，本章利用我国 A 股上市非金融企业数据，从企业层面实证分析了杠杆率与货币政策之间的关系，结果表明，非金融企业杠杆率与货币政策之间存在显著的"U"形曲线关系，特别是对企业短期杠杆率和非国有企业而言，即过度紧缩的货币政策反而会推升非国有企业短期杠杆率，这极有可能会导致非国有企业流动性风险和违约概率增加。上述结论为我国在主动去杠杆进程中实行稳健中性的货币政策提供了经验证据。其二，本章进一步分析了非国有企业杠杆率与货币政策间的"U"形曲线关系在不同省份、不同行业和不同企业间的异质性，进而验证了货币政策过度紧缩时期替代性融资渠道和所有者权益渠道在推升企业杠杆率过程中的有效性。现有文献仅关注货币政策的信贷渠道和资产价格渠道对企业杠杆率的影响，而忽略了企业替代性融资渠道的使用，即企业在难以通过银行信贷渠道获得资金时会更加依赖融资成本更高的替代性融资渠道，这一效应在中国尤其不容忽视。其三，本章关于货币政策与企业杠杆率存在非线性关系的研究结论丰富了已有关于企业杠杆率的研究文献。

本章余下部分组织结构如下：第二部分对已有文献进行评述并提出本章研究假设，第三部分介绍本章数据来源、变量定义和实证策略，第四部分对实证分析结果进行描述并进行一系列稳健性检验，第五部分进行本章小结。

4.2　文献综述与研究假设

企业的融资决策不仅取决于企业自身的融资需求，还取决于金融市场供给等因素，特别是社会中可用资金规模（Faulkender and Petersen，2006）。作为一国调控流动性的重要手段，货币政策调整对企业融资行为的影响受到了众多学者的关注和研究。Gertler 和 Gilchrist（1994）提出了货币政策调整影响企业融资行为的两条主要渠道：银行信贷渠道和资产负债表渠道。紧缩的货币政策会通过削减银行体系向私人部门提供的可用信贷规模，恶化企业资产负债表，降低企业融资能力和社会资金供给规模，从而导致企业融资规模和杠杆率下降；反之会导致企业融资规模和杠杆率的上升。已有关于货币政策与企业杠杆率的研究大多数也是基于上述两条渠道展开，结果表明，货币政策与企业债务融资之间呈现正相关关系，即紧缩性货币政策会降低企业外部债务融资规模（Bernanke and Gertle，1995；马文超和胡思玥，2012）。但 Cooley 和 Quadrini（2006）通过构建理论模型认为货币政策与企业债务之间可能存在一种非线性关系，而这主要取决于企业进行外部融资的成本和收益。

新兴市场国家由于金融市场发展不完善，信贷成为货币政策影响企业融资决策的主要渠道，但企业除了通过正规银行信贷渠道获取外部融资外，部分学者的研究表明影子银行渠道和商业信用渠道的替代性融资作用不容忽视，特别是在金融市场不完善的发展中国家（Nilsen，2002；石晓军和李杰，2009）。Petersen 和 Rajan（1997）认为在金融市场不完善导致信贷配给的情形下，企业可以通过商业信用来获得替代性融资，即便是在美国这样的发达国家，商业信用也是不可忽视的短期外部融资来源，特别是在货币政策紧缩时期。除商业信用这一替代性融资渠道外，影子银行的存在也为中国企业的外部债权融资提供了另一条重要的替代性融资渠道（Allen et al.，2005；林毅夫和孙希芳，2005）。特别是在货币政策紧缩时期，可用信贷规模的大幅降低，会迫使部分难以获得正规金融渠道融资的企业转向影子银行寻求资金帮助（王怀明和刘融，2017），此时影子银行渠道便成为企业的主要融资方式。如钱雪松等（2018）的研究指出，我国委托贷款呈现出明显的逆信贷周期特点，即当正规信贷收缩时委托贷款规模会显著增加，委托贷款在一定程度上缓解了相关经济主体的融资约束。

综上所述，由于商业信用和影子银行等替代性融资渠道的存在，企业在货币政策过度紧缩时期为维持日常运营或投资需求会倾向于寻求替代性融资，这使企业总负债也许并不会始终处于下降趋势。同时，替代性融资渠道的融资成本往往高于银行信贷渠道，以及与过度紧缩货币政策导致的融资成本上升这一效应的双重叠加，会使替代性融资渠道在缓解企业融资约束的同时抬升企业的融资成本。在外部融资规模不变的情况下，企业融资成本的上升同样会导致企业杠杆率的增加。

除对企业负债端产生直接影响外，货币政策调整还会通过改变企业经营环境和资产价格对企业资产端产生影响。过度紧缩的货币政策会通过抑制社会总需求使企业的宏观经营环境发生恶化从而导致企业盈利水平下降。与此同时，过度紧缩的货币政策还会导致企业股票价格以及所持有的各类资产价格下降（王晓明，2010）。不论是由于经济环境恶化导致的企业利润缩减还是资产价格降低导致的损益均会通过企业所有者权益对企业资产端产生影响。在总负债不变的情况下，货币政策过度紧缩导致的总资产下降同样会推升企业杠杆率。因此，在货币政策紧缩程度超过一定阈值时，企业为维持正常经营活动或投资需求，通过替代性融资渠道（影子银行渠道和商业信用渠道）所进行的融资行为会导致企业总负债（特别是短期负债）维持稳定甚至上升。与此同时，过度紧缩的货币政策会通过降低资产价格和企业盈利水平对企业所有者权益造成负面冲击，导致企业总资产下降。负债端和资产端的上述变动极有可能会导致企业杠杆率在货币政策过度紧缩时反而上升。进一步地，货币政策趋紧除了会降低贷款额度、提升资金价格以外，也会通过影响借贷双方之间的信息不对称问题对贷款期限造成负向影响，而替代性融资渠道往往与企业短期负债之间存在着显著的替代关系（钱雪松和李红林，2015；饶品贵和姜国华，2013）。基于此，本章提出假设1。

假设1：货币政策与企业杠杆率之间的关系可能呈现出"U"形曲线的非线性关系，且这一关系在企业短期杠杆率中表现得更为明显。

通过以上分析可见，在货币政策过度紧缩时期，企业对替代性融资渠道的使用和所有者权益的降低是导致企业杠杆率回升的主要原因。与非国有企业相比，国有企业在资产规模、债务担保能力和政府隐性担保等多方面均占有优势（方军雄，2007；谭劲松等，2012）。这使我国银行对不同所有制企业存在"信贷歧视"，国有企业能够享有更好的优惠信贷政策，而非国有企业则较多地依赖成本相对较高的融资渠道。尽管上市民营企业比非上市民营企业融资渠道更广，但依然会受到信贷歧视，这在银根紧缩的背景下尤为明显（陆正飞等，2009）。在此背景下，当货币政策紧缩使市场上可贷资金减少时，资本稀缺性会促使商业银行等金融机构更加审慎而提高放贷要求，这进一步加剧非国有企业获得资金的难度，从而导致非国有企业更多地依赖于融资成本更高的替代性融资渠道。如 Ge 和 Qiu（2007）发现相比国有企业，我国非国有企业更多地运用商业信用作为替代性融资方式。钱雪松等（2015）的研究表明，当正规信贷紧缩时，更多资金通过委托贷款机制流向民营企业等非国有企业。在宏观经济下行的"新常态"背景和金融部门利润率高于实体经济的现实面前，企业存在巨大的压力和强烈的意愿去参与金融投资（苏治等，2017）。非金融企业参与金融投资的比例和规模快速提升，金融投资逐渐成为主要利润来源（张成思和张步昙，2016）。相较于非国有企业，规模较大的国有企业很容易从资本市场融入超过其生产经营活动所需要的资金，金融资产投资意愿更为强烈（韩珣等，2017），从而更易获得金融投资收益。因此，在货币政策过度紧缩时期，国有企业使用替代性融资渠道的需求和所有者权益所受到的冲击均低于非国有企业。基于此，本章提出假设 2。

假设 2：货币政策与非金融企业杠杆率之间"U"形曲线的非线性关系在非国有企业中表现得更为明显。

进一步地，我国各省份金融业市场化程度具有明显差异，在金融业市场化程度越弱的地区，政府对银行借贷的行政干预越多，对国企贷款的隐性担保越强，银行对国企贷款的倾向性越大，使该地区非国有企业更难获得银行信贷资金供给。因此，在货币政策过度紧缩时期，位于这些地区的非国有企业面临的"信贷歧视"更为明显，从而更倾向于寻求成本更高的替代性融资渠道。

虽然商业信用渠道是非国有企业在外部融资环境缩紧时的重要替代性融资渠道之一，但目标企业获得商业信用的程度有赖于所处行业的竞争程度（方明月，2014）。目标企业所在行业的市场竞争程度越强，企业获得的来自上游供应商提供的商业信用（应付账款）越少，而为了维持市场份额和客户关系，目标企业不得不提供更多的商业信用（应收账款）。这意味着在货币政策过度紧缩时期，处于竞争程度较高行业中的企业使用商业信用进行替代性融资渠道的能力越低。因此，在货币政策过度紧缩时期，处于竞争程度较低的行业中的企业，其较高的商业信用使用能力在一定程度上导致了企业杠杆率与货币政策之间"U"形曲线关系的出现。

企业杠杆率的变化依赖于企业总负债和总资产的变动。非国有企业在货币政策过度紧缩时期对替代性融资渠道的使用会对企业负债端造成影响。同时，货币政策不断紧缩会通过降低社会总需求和资产价格对企业营业利润和投资收益造成负面冲击，从而影响企业净利润和所有者权益。在其他条件不变的情况下，实际盈利能力较弱的企业此时更容易出现净利润的下降，从而导致企业所有者权益的降低，最终表现为企业杠杆率上升。因此，在其他条件不变的情况下，利润来源更多地依赖于营业外收入，企业的杠杆率在货币政策过度紧缩时会出现更大幅度的上升。基于此，本章提出以下假设。

假设3-1：货币政策与企业杠杆率之间"U"形曲线的非线性关系在金融市场化程度较弱的地区表现得更为明显。

假设3-2：货币政策与企业杠杆率之间的"U"形曲线的非线性关系在不同竞争度的行业间表现出差异性。

假设3-3：货币政策与企业杠杆率之间的"U"形曲线的非线性关系在不同实际利润的企业间表现出显著差异性。

4.3 数据来源和计量模型设定

4.3.1 数据来源

本章研究所用样本企业为我国A股上市企业，数据来源于国泰安数据库。样本期间为2005年第一季度至2017年第四季度。与已有的资本结构研究文献保持一致，本章剔除所有的金融企业，并只保留至少具有5期连续观测值的企业。同时，为缓解离群值对参数估计的影响，本章对所有企业层面连续型解释变量进行上下1%的缩尾处理（Winsorize）。另外，本章使用的所有省份层面数据均来自Wind数据库。

4.3.2 主要变量定义和计算

本章主要目的是在考察货币政策与非金融企业杠杆率之间存在非线性关系的基础上，进一步探讨导致货币政策与企业杠杆率之间非线性关系可能存在的影响渠道。因此，本章计量分析中被解释变量为企业杠杆率，与该领域已有文献相一致，采用总负债除以总资产进行衡量。核心解释变量为货币政策，由于货币政策工具的时变性与多样性很强，单一的货币政策工具很难刻画货币政策的变动（Sun，2013），故能较好地度量货币政策的指标为货币政策中间目标，这一般指的是利率或货币供应量。因此，本章采用广义货币供应量（M2）同比增速进行衡量。同时，考虑到价格型货币政策工具尤其是贷款基准利率在我国货币政策调控中的作用不断增强（Koivu，2009），本章进一步选择了贷款基准利率对文章基准结果进行稳健性检验。借鉴已有研究，本章分别从企业层面、行业层面和宏观层面引入了控制变量，企业层面变量包括企业规模、有形资产占比、盈利水平、账面市值比；行业层面变量为行业平均杠杆率；省份层面控制变量包括各省份地区生产总值增速和金融发展程度。其中，关于各省份金融发展程度，本章参照张成思等（2013）的方法采用各省份存贷余额占地区生产总值的比值进行衡量。另外，本章在异质性检验中所涉及的各变量计算方式如下所示。

1. 金融业市场化程度

我国企业外部融资仍主要依赖于银行贷款，然而我国的银行准入与竞争受限，金融市场由国有银行主导，信贷发放的市场化程度不足。在金融市场化程度较弱的地区，银行更倾向于支持国企（Beck and Levine，2002）；而在金融市场化程度较高的地区，行政干预较少，银行的决策更多地考虑市场回报，非国有企业相对拥有更多的机会获取银行贷款。因此，在货币政策过度紧缩时期，金融市场化程度较低地区的非国有企业会面临更大的外部融资困难，从而更倾向于转向影子银行渠道进行融资。

为衡量各省份的金融市场化程度，本章采用了樊纲等（2011）构建的省级市场化指数衡量金融市场化程度，该指数越高，表示该地区的金融业市场化程度越高。考虑到樊纲等（2011）的报告只公布到 2009 年，而本章的样本期间为 2005—2017 年，尽管樊纲的团队 2017 年发布了新的报告，对 2008 年以来各省份的市场化数据做了计算和评分，但由于所使用的数据资料和计算基期的调整与上一个报告（2011 年报告）无法直接衔接，因此本章并未使用最新报告中的数据。本章使用各省份 2005—2009 年金融市场化指数的平均值来衡量各省份的金融市场化程度，并按照各省份金融市场化程度的中位数将样本中所有省份划分为金融市场化程度较高组别和金融市场化程度较低组别。若该省份位于金融市场化程度较高组别，则虚拟变量 AMI＝1，否则 AMI＝0。

2. 行业竞争度

已有文献表明，企业会在外部融资趋紧的情况下采用商业信用渠道进行替代性融资。然而企业运用商业信用渠道进行替代性融资的能力依赖于其所处行业的竞争度，目标企业所处行业的竞争度越高时，其运用商业信用渠道进行替代性融资的能力越低，反之越高。因此，在同样面临外部融资环境趋紧时，位于竞争程度较低行业中的企业采用商业信用渠道进行替代性融资的能力会较高，从而导致企业杠杆率与货币政策之间的非线性关系在该行业中可能会表现得更为明显。

上市企业往往会涉及跨区域或多元化经营，而已有文献中衡量市场竞争度所常用的行业集中度（如 HHI）或市场份额（CR_4）并不适合此类企业市场势力的度量（Nickell，1996）。所以，本章借鉴 Aghion et al.（2005）和方明月（2014）的做法，采用勒纳指数对各行业的竞争程度进行衡量。该指数具体构造方式如下：首先，计算每家企业每年的勒纳指数（$l_{i,t}$）：$l_{i,t} = \dfrac{\text{营业利润}_{i,t} - \text{财务费用}_{i,t}}{\text{营业收入}_{i,t}}$，并取样本期间的平均值，作为该企业的勒纳指数（$LER_{i,s}$）；其次，取某一具体行业中所有企业勒纳指数的中位数作为该行业的勒纳指数（LER_s）；最后，为了与直觉相符，我们采用 $1 - LER_s$ 来度量某一行业的竞争程度（COM_s）。COM_s 越大，表示该行业竞争程度越高。

3. 企业实际盈利能力

申广军（2016）指出，企业的账面利润不能反映企业的真实盈利能力，因为企业可能通过财政补贴、税收返还或者其他非经常性损益等方法获取正的利润。本章借鉴其研究思路，采用实际利润对企业的实际盈利能力进行衡量，即实际利润＝利润总额－营业外收入。② 货币政策不断紧缩会降低社会总需求，从而使企业经营环境不断恶化，在其他条件不变的情况下，实际盈利能力较弱的企业此时更容易出现净利润的下降，从而导致企业所有者权益降低，最终表现为企业杠杆率上升。

　　本章所使用的各变量定义和描述性统计如表4－1所示。

表4－1　　　　　　　　主要变量定义与描述性统计

变量	变量定义	观测值	均值	方差	最小值	最大值
lev	企业杠杆率	104796	0.454	0.226	0.044	1.117
slev	短期杠杆率	104796	0.368	0.199	0.033	0.993
llev	长期杠杆率	104384	0.087	0.109	0	0.499
size	企业规模	104796	21.819	1.278	19.11	25.671
tang	有形资产占比	104796	0.398	0.185	0.023	0.828
ROA	盈利水平	104795	0.035	0.042	-0.098	0.184
BTM	账面市值比	104796	0.897	0.85	0.082	4.648
tax	实际税率	102412	0.132	0.145	-0.447	0.72
mlev	行业平均杠杆率	104940	0.448	0.104	0.082	0.746
GDP	各省份GDP实际同比增速	104940	9.863	2.913	-8.1	25.1
FD	各省份金融发展程度	102195	3.017	2.245	0.553	13.638
SOE	国有企业虚拟变量	109716	0.444	0.497	0	1
COM	行业竞争程度	109716	0.956	0.026	0.853	1.02
re	实际盈利水平	104796	0.046	0.089	-0.24	0.383

资料来源：国泰安数据库、作者计算。

---

　　② 营业外收入主要包括非流动资产处置利得、非货币性资产交换利得、债务重组利得、政府补助、盘盈利得、捐赠利得等。

4.3.3 计量模型设定

基于已有杠杆率相关研究，本章基准回归模型设定如下：

$$Y_{i,t} = \alpha + \beta_1 MP_{t-1} + \beta_2 MP_{t-1}^2 + \gamma\, firm_{i,t-1} + \delta_1 Province_{p,t-1} +$$
$$\delta_2 Industry_{p,t-1} + \theta_i + quarter_t + \varepsilon_{i,t}$$

其中，$Y_{i,t}$为被解释变量，包括企业杠杆率（$lev_{i,t}$）、短期杠杆率（$slev_{i,t}$）和长期杠杆率（$llev_{i,t}$）。MP_{t-1}为货币政策代理变量，包括 M2 同比增速和贷款基准利率。为了检验货币政策与企业杠杆率之间是否存在非线性关系，方程中进一步引入货币政策代理变量的二次项MP_{t-1}^2。考虑到货币政策调整后对实体经济影响的滞后性以及可能存在的内生性问题，本章将货币政策变量做滞后一期处理。$firm_{i,t-1}$为企业层面控制变量，本章参考已有文献选取了企业资产、有形资产占比、盈利水平、账面市值比以及实际税率作为控制变量；$Industry_{p,t-1}$为行业层面控制变量，包括行业平均杠杆率；$Province_{p,t-1}$为省份层面控制变量，包括各省的地区生产总值同比增速和金融发展水平；$quarter_t$代表四个季度的虚拟变量，以控制各个指标可能含有的季节性因素；$\varepsilon_{i,t}$为误差项；θ_i为个体固定效应，用来捕捉企业不随时间改变的个体异质性特征，降低模型遗漏解释变量的可能性。由于货币政策代理变量（M2 同比增速和贷款基准利率）是时间序列变量，因而方程中并未控制时间固定效应。为尽量避免模型中的内生性问题，我们对所有变量做滞后一期处理。

基准回归方程只是检验了货币政策与企业杠杆率之间的基准关系，为进一步检验这一基准关系在不同省份、不同行业和不同企业间的异质性，本章在基准回归模型的基础上进一步引入交互项，具体形式如下：

$$Y_{i,t} = \alpha + \beta_1 MP_{t-1} + \beta_2 MP_{t-1}^2 + \beta_3 MP_{t-1} External_{i,t} + \beta_4 MP_{t-1}^2 External_{i,t} +$$
$$\beta_5 External_{i,t} + \gamma\, firm_{i,t-1} + \delta_1 Province_{p,t-1} + \delta_2 Industry_{p,t-1} +$$
$$\theta_i + quarter_t + \varepsilon_{i,t}$$

其中，$External_{i,t}$为形成交互项所需要引入的变量，包括企业融资约束程度（$FC_{i,t}$）、行业竞争度（$DCOM_S$）和实际盈利水平虚拟变量（DRE_i）。

其他变量定义与基准回归方程相同。

4.4 实证结果分析

4.4.1 基准回归结果

与以往考察货币政策与非金融企业杠杆率之间关系的文献所不同的是，本章进一步在模型中引入了 M2 同比增速的二次项，以考察货币政策与非金融企业杠杆率之间是否存在非线性关系，回归结果如表 4 - 2 所示。表 4 - 2（1）列的回归结果显示，在方程中对个体固定效应以及企业层面、行业层面和省份层面可能对企业杠杆率产生影响的因素进行控制后，M2 同比增速的一次项和二次项前的系数分别为 - 0.234 和 0.99，分别在 10% 和 1% 的显著性水平下显著。这表明，货币政策与非金融企业杠杆率之间存在 "U" 形曲线的非线性关系，拐点约位于 0.118 处，即在不区分企业杠杆期限的情况下，以 M2 同比增速为代理变量的货币政策与企业杠杆率之间 "U" 形曲线关系的阈值位于 11.8% 处。当 M2 同比增速高于 11.8% 时，非金融企业杠杆率与货币政策之间呈现正相关关系。此时，紧缩性货币政策的实施，即降低 M2 同比增速，将有助于非金融企业杠杆率的下降。当 M2 同比增速低于 11.8% 时，非金融企业短期杠杆率与货币政策之间关系转为负相关关系。此时，继续实行紧缩性货币政策，即继续降低 M2 同比增速，反而会促使非金融企业杠杆率上升。为进一步降低行业层面和企业层面可能存在的遗漏变量问题，表 4 - 2（2）列控制了行业固定效应和省份固定效应，对上述结果进行了稳健性检验，结果表明，货币政策与企业杠杆率之间的 "U" 形曲线关系并未改变。

为进一步考察货币政策与非金融企业杠杆率之间的关系在不同期限杠杆率间是否存在异质性，本章将被解释变量替换为短期杠杆率和长期杠杆率，回归结果如表 4 - 2（3）列和（4）列所示。表 4 - 2（3）列显示，M2 同比增速的一次项和二次项前的系数分别为 - 0.352 和 1.069，均在 1% 的显著性水平下显著。这表明，货币政策与非金融企业短期杠杆率之间存在 "U" 形曲线的非线性关系，拐点约位于 0.165 处，即当 M2 同比增速高于16.5%时，非金融企业短期杠杆率与货币政策之间呈现正相关关系，紧缩的货币政策有助于非金融企业短期杠杆率的降低；而当M2同比增速低于16.5%时，非金融企业短期杠杆率与货币政策之间关系转为负相关关系，此时货币政策的紧缩反而会促使非金融企业短期杠杆率上升。（4）列显示，M2同比增速的一次项和二次项前的系数并不显著。这意味着货币政策与企业长期杠杆率之间并不存在显著的"U"形非线性关系。因此，货币政策与非金融企业杠杆率之间的"U"形曲线关系主要体现在短期杠杆率中，在长期杠杆率中并不显著。出现这一情况的原因主要为货币政策紧缩会导致企业债务期限的降低，同时在货币政策过度紧缩时期，企业通过替代性融资渠道所获得的外部资金多以短期为主。

进一步考虑到当前我国金融体系是典型的银行主导型，企业的主要外部融资来源仍是通过银行信贷取得，而中国的银行对不同所有制企业存在"信贷歧视"。因此，本章进一步检验了货币政策与非金融企业杠杆率之间的"U"形曲线关系在不同所有制企业间是否存在异质性。为此，本章按照国有企业虚拟变量（SOE）对样本进行分组回归，回归结果如表4-2（5）列和（6）列所示。（5）列给出了国有企业组别的回归结果，结果表明M2同比增速一次项前的系数为0.455，在1%的显著性水平下显著，而M2同比增速二次项前的系数并不显著。这表明，货币政策与企业杠杆率之间"U"形曲线的非线性关系在国有企业组别中并不显著。（6）列则给出了非国有企业组别的回归结果，结果表明M2同比增速一次项和二次项前的系数分别为-0.593和1.818，均在1%的显著性水平下显著。这表明，对非国有企业而言，货币政策与非金融企业杠杆率之间存在显著的"U"形非线性关系，拐点约处于0.163处。导致这一结果的原因主要在于，由于国有企业独特的地位以及隐性担保的存在，在货币政策过度紧缩时期银行会首先选择削减非国有企业的信贷供给，对国有企业信贷供给的影响较低。民营企业为了维持正常运行和投资需求不得不转向融资成本更高的非正规金融渠道融资来避免退出市场。

表 4 – 2　　　　　　　　　　货币政策与非金融企业杠杆率

变量	(1) lev	(2) lev	(3) slev	(4) llev	(5) lev	(6) lev
L. M2	– 0. 234 *	– 0. 423 ***	– 0. 352 ***	0. 107	0. 455 ***	– 0. 593 ***
	(– 1. 72)	(– 3. 06)	(– 2. 63)	(1. 36)	(2. 70)	(– 3. 19)
L. M2²	0. 990 ***	1. 816 ***	1. 069 ***	– 0. 0679	– 0. 624	1. 818 ***
	(3. 11)	(5. 43)	(3. 41)	(– 0. 37)	(– 1. 61)	(4. 13)
L. size	0. 0337 ***	0. 0336 ***	– 0. 00355	0. 0347 ***	0. 0365 ***	0. 0394 ***
	(8. 46)	(11. 43)	(– 0. 88)	(17. 04)	(7. 99)	(7. 60)
L. tang	0. 182 ***	0. 195 ***	0. 164 ***	0. 0140	0. 115 ***	0. 244 ***
	(12. 46)	(12. 14)	(11. 75)	(1. 62)	(5. 90)	(12. 02)
L. ROA	– 0. 654 ***	– 1. 055 ***	– 0. 478 ***	– 0. 190 ***	– 0. 720 ***	– 0. 501 ***
	(– 17. 85)	(– 19. 43)	(– 14. 27)	(– 10. 33)	(– 15. 39)	(– 10. 19)
L. BTM	0. 0351 ***	0. 0690 ***	0. 0254 ***	0. 00946 ***	0. 0319 ***	0. 0371 ***
	(17. 64)	(26. 31)	(12. 49)	(6. 42)	(14. 36)	(10. 42)
L. tax	– 0. 0639 ***	– 0. 155 ***	– 0. 0542 ***	– 0. 0124 ***	– 0. 0551 ***	– 0. 0644 ***
	(– 11. 34)	(– 13. 91)	(– 9. 99)	(– 4. 29)	(– 7. 33)	(– 8. 62)
L. mlev	0. 122 ***	0. 377 ***	0. 0722 ***	0. 0564 ***	0. 00725	0. 222 ***
	(4. 55)	(11. 73)	(2. 62)	(3. 63)	(0. 22)	(5. 66)
L. GDP	0. 00279 ***	0. 00543 ***	0. 00281 ***	– 0. 000118	0. 00232 ***	0. 00287 ***
	(5. 64)	(10. 35)	(5. 90)	(– 0. 41)	(4. 05)	(3. 64)
L. FD	– 0. 00270 ***	– 0. 00339 ***	– 0. 00341 ***	0. 000551	– 0. 00181 **	– 0. 00385 **
	(– 2. 94)	(– 4. 19)	(– 3. 80)	(1. 13)	(– 2. 10)	(– 2. 53)
常数项	– 0. 408 ***	– 0. 566 ***	0. 361 ***	– 0. 710 ***	– 0. 417 ***	– 0. 593 ***
	(– 4. 13)	(– 7. 59)	(3. 60)	(– 14. 02)	(– 3. 58)	(– 4. 68)
聚类	企业	企业	企业	企业	企业	企业
个体固定效应	是	否	是	是	是	是
季度固定效应	是	是	是	是	是	是
行业固定效应	否	是	否	否	否	否
省份固定效应	否	是	否	否	否	否
观测值	93977	93977	93977	93681	45596	48381
R²	0. 154	0. 414	0. 092	0. 118	0. 166	0. 154

注：括号内为 t 值。*、**、*** 分别表示变量在 10%、5% 和 1% 的显著性水平下显著。

综上所述，货币政策与非金融企业杠杆率之间存在"U"形曲线的非线性关系。在不区分企业所有制性质和杠杆率期限的情况下，平均来看，货币政策与非金融企业杠杆率之间"U"形非线性关系的拐点约位于0.118处，即当 M2 同比增速高于 11.8% 时，货币政策与非金融企业杠杆率之间呈现正相关关系，此时实施紧缩的货币政策有助于企业杠杆率的降低；当 M_2 同比增速低于 11.8% 时实施紧缩的货币政策反而会推升非金融企业杠杆率。在考虑企业杠杆率期限后，可以发现货币政策与企业杠杆率之间"U"形曲线的非线性关系主要表现在企业短期杠杆率上，而在长期杠杆率中并不显著。进一步地，从不同企业所有制看，货币政策与企业杠杆率之间"U"形曲线的非线性关系主要体现在非国有企业中，而在国有企业间表现得并不显著。

4.4.2 异质性检验

一般来说，随着货币政策的不断收紧，企业可获得的外部融资逐步降低且融资成本不断上升，此时企业会减少外部债务融资，最终表现为企业杠杆率下降。为什么在货币政策过度紧缩时非金融企业尤其是非国有企业的杠杆率反而上升？正如前文所述，企业杠杆率在货币政策过度紧缩时期上升的原因主要是企业被迫更多地使用融资成本更高的替代性融资渠道（如影子银行和商业信用）和所有者权益受到负面冲击。

对非国有企业而言，由于在金融业市场化程度较弱的地区会面临更大的"信贷歧视"，因此在货币政策紧缩时期将更难获得银行信贷支持，从而更大程度地依赖于非正规金融渠道进行融资；商业信用的使用则显著依赖于企业所处行业的竞争程度，若企业处于竞争程度较高的行业，为维持市场份额和客户关系，其使用商业信用（增加应付账款、减少应收账款）的能力较弱；相比其他企业，具有较高实际盈利水平的企业，其所有者权益受紧缩性货币政策的负面影响会较小。因此，若上述影响渠道存在，货币政策与非国有企业杠杆率间"U"形曲线的非线性关系在不同地区、不同行业和不同企业间应存在显著差异。为此，本章分别按照各地区金融业市场化程度、不同行业的竞争度和不同企业的实际盈利

能力将样本进行分组，分别考察货币政策与企业杠杆率之间的关系在不
同地区、不同行业和不同企业间是否存在异质性。回归结果如表 4 - 3
所示。

表 4 - 3　　　　货币政策与非金融企业杠杆率的异质性检验

变量	(1) lev	(2) lev	(3) lev	(4) lev	(5) lev	(6) lev
L. M2	- 0. 210 (- 0. 94)	- 1. 263 *** (- 3. 82)	- 0. 444 ** (- 2. 29)	- 1. 168 *** (- 2. 74)	- 0. 198 (- 1. 03)	- 0. 518 * (- 1. 90)
L. M2^2	0. 958 * (1. 82)	3. 422 *** (4. 34)	1. 299 *** (2. 80)	3. 241 *** (3. 27)	0. 685 (1. 49)	1. 740 *** (2. 65)
L. size	0. 0404 *** (6. 14)	0. 0391 *** (4. 66)	0. 0484 *** (8. 58)	0. 0330 *** (2. 99)	0. 0524 *** (10. 19)	0. 0275 *** (3. 58)
L. tang	0. 242 *** (10. 27)	0. 245 *** (6. 08)	0. 265 *** (12. 50)	0. 176 *** (3. 51)	0. 261 *** (12. 30)	0. 241 *** (8. 92)
L. age	- 0. 477 *** (- 8. 60)	- 0. 486 *** (- 4. 70)	- 0. 435 *** (- 8. 96)	- 0. 522 *** (- 3. 69)	- 0. 0951 * (- 1. 85)	- 0. 487 *** (- 6. 69)
L. ROA	0. 0425 *** (10. 69)	0. 0251 *** (3. 10)	0. 0337 *** (8. 73)	0. 0273 *** (3. 76)	0. 0350 *** (6. 79)	0. 0371 *** (8. 58)
L. BTM	- 0. 0597 *** (- 6. 68)	- 0. 0674 *** (- 5. 22)	- 0. 0621 *** (- 7. 49)	- 0. 0346 *** (- 3. 13)	- 0. 0830 *** (- 4. 36)	- 0. 0401 *** (- 5. 91)
L. mlev	0. 149 *** (2. 90)	0. 331 *** (5. 67)	0. 299 *** (5. 23)	0. 207 *** (2. 87)	0. 253 *** (6. 24)	0. 151 *** (2. 88)
L. GDP	0. 00400 *** (4. 33)	0. 000480 (0. 33)	0. 00230 *** (2. 68)	0. 00306 * (1. 81)	0. 00276 *** (3. 24)	0. 00308 *** (2. 77)
L. FD	- 0. 00253 (- 1. 33)	- 0. 00537 ** (- 2. 22)	- 0. 00321 ** (- 2. 03)	- 0. 00109 (- 0. 51)	- 0. 00388 *** (- 2. 92)	- 0. 00134 (- 0. 83)
常数项	- 0. 627 *** (- 3. 94)	- 0. 561 ** (- 2. 67)	- 0. 839 *** (- 5. 94)	- 0. 363 (- 1. 41)	- 1. 000 *** (- 7. 85)	- 0. 283 (- 1. 59)
聚类	企业	企业	企业	企业	企业	企业
个体固定效应	是	是	是	是	是	是
季度固定效应	是	是	是	是	是	是

变量	（1） lev	（2） lev	（3） lev	（4） lev	（5） lev	（6） lev
经验 P 值（1）	0.000		0.000		0.000	
经验 P 值（2）	0.000		0.000		0.000	
观测值	32171	16006	39427	8750	24253	23924
R^2	0.159	0.151	0.148	0.136	0.146	0.128

注：括号内为 t 值。*、**、*** 分别表示变量在 10%、5% 和 1% 的显著性水平下显著。经验 P 值为自抽样 1000 次获得的结果，其中经验 P 值（1）是对货币政策一次项前系数组间差异的检验，经验 P 值（2）是对货币政策二次项前系数的组间差异检验。

在省份层面，本章使用各省份 2005—2009 年金融市场化指数的平均值来衡量各省份的金融市场化程度，并按照各省份金融市场化程度的中位数将样本中所有省份划分为金融市场化程度较高组别和较低组别。若该省份位于金融市场化程度较高组别，则虚拟变量 AMI = 1，否则 AMI = 0。表 4-3（1）列和（2）列给出了货币政策与非金融企业杠杆率之间关系在不同金融业市场化地区间的异质性。（1）列显示，M2 同比增速一次项前的系数虽然为负值但并不显著，二次项前的系数在 10% 的显著性水平下显著。（2）列显示，M2 同比增速一次项前的系数显著为负（-1.263），二次项前的系数显著为正（3.422）。本章通过费舍尔组合检验（Fisher's Permutation test）对不同组别间 M2 同比增速一次项和二次项前的系数差异进行了检验③，结果表明，不同组别间 M2 同比增速一次项和二次项前的系数在 1% 的显著性水平下具有差异性。这表明，货币政策与企业杠杆率之间"U"形曲线的非线性关系在金融业市场化程度较低的地区表现得

---

③ 该方法是通过自抽样法（Bootstrap）来检验不同组别间系数差异的显著性。以金融业市场化程度分组为例，其计算思路如下：（1）将高金融市场化程度组和低金融市场化程度组的样本混合，获得 $n = n_1 + n_2$ 家企业的样本，其中 n_1 是高金融市场化程度组别中的企业数量，n_2 是低金融市场化程度组别中的企业数量；（2）获取经验样本组，即从总样本 n 中随机抽取 n_1 家企业，将其视为高金融市场化程度组别，并将余下的 n_2 个企业视为低金融市场化程度组别；（3）分别估计两个经验样本组的系数值，并记录系数差 d_i；（4）将步骤（2）和步骤（3）重复 k 次，并计算出 d_i（$i = 1，2，\cdots，k$）大于实际系数差 d_0 的百分比，即得到经验 p 值，若其小于 0.05，则可以在 5% 水平下拒绝"组间系数估计值不存在差异"的原假设。

更为显著。

为考察货币政策与企业杠杆率之间关系在不同行业间是否存在异质性，本章按照行业竞争程度对样本企业进行了分组。若某一行业的竞争程度高于所有行业竞争程度的中位数，我们将其定义为竞争程度较高的行业，虚拟变量 DCOM = 1，否则 DCOM = 0。表 4 - 3（3）列和（4）列给出了货币政策与企业杠杆率之间关系在不同行业间的回归结果。（3）列给出了较高行业竞争度组别的回归结果，结果显示 M2 同比增速一次项前的系数显著为负（ - 0.444），二次项前的系数显著为正（1.299）。这表明，货币政策与企业杠杆率在较高行业竞争度的组别内呈现出"U"形曲线的非线性关系，拐点约处于 0.17 处。（4）列则给出了较低行业竞争度组别的回归结果，结果显示 M2 同比增速一次项前的系数显著为负（ - 1.168），二次项前的系数显著为正（3.241）。这表明，货币政策与企业杠杆率在较低行业竞争度的组别内仍呈现出"U"形曲线的非线性关系，拐点处于 0.18 处。费舍尔组合检验所给出的经验 P 值表明，M2 同比增速一次项和二次项前的系数在不同组别间具有显著差异性。因此，表 4 - 3（3）列和（4）列的回归结果表明，虽然在不同行业组别间货币政策与企业杠杆率均呈现出显著的"U"形曲线关系，但这一关系在不同竞争程度的行业间具有显著异质性。平均来看，货币政策与非金融企业杠杆率之间的"U"形曲线关系，其斜率在具有较高行业竞争度的行业中表现得更为平缓，"U"形曲线的拐点更小，即随着货币政策的不断紧缩，处于行业竞争度较低行业中的企业，其杠杆率会更早地出现上升且上升幅度更大。

为考察货币政策与企业杠杆率之间关系在具有不同实际盈利水平的企业间是否存在异质性，本章按照实际盈利水平对样本企业进行了分组。具体来说，若某一企业在某一季度的实际盈利水平高于同期所有企业实际盈利水平的均值时，我们将其定义为较高实际盈利水平的企业，虚拟变量 DRE = 1，反之 DRE = 0。表 4 - 3（5）列和（6）列给出了货币政策与企业杠杆率之间关系在具有不同实际盈利水平企业间的回归结果。（5）列给出了较高实际盈利水平组别的回归结果，结果显示，货币政策与企业杠杆率间并不存在显著的"U"形曲线非线性关系。（6）列则给出了较低实际盈利水平组别的回归结果，结果显示，M2同比增速一次项前的系数显著为负（-0.518），二次项前的系数显著为正（1.74）。这意味着货币政策与企业杠杆率之间的关系在较低实际盈利水平的企业组别中存在显著的"U"形非线性关系，拐点约处于0.15处。同样地，费舍尔组合检验所给出的经验P值表明，M2同比增速一次项和二次项前的系数在不同组别间具有显著差异。因此，货币政策与非国有企业杠杆率间"U"形曲线的非线性关系在实际盈利水平较低的企业中表现得更为显著。

综上所述，尽管货币政策与企业杠杆率之间"U"形曲线的非线性关系主要表现在非国有企业中，但由于导致这一非线性关系出现的原因主要是企业对融资成本较高的替代性融资渠道的使用以及所有者权益受紧缩性货币政策的影响，因此货币政策与非国有企业杠杆率之间"U"形曲线的非线性关系在不同地区、不同行业和不同企业间仍表现出显著差异。具体来说，在金融业市场化程度较低的地区、竞争程度较差的行业以及实际盈利水平较差的企业，货币政策与企业杠杆率间的"U"形曲线关系表现得更为显著。

4.5　稳健性检验

为保障基准回归结果的可靠性，本章进一步采用多种方式进行稳健性检验，具体结果如下所示。

1. 替换货币政策代理变量

随着中国市场经济体制的不断完善，价格型货币政策工具尤其是贷款基准利率在我国货币政策调控中的作用不断增强。基于此，本章进一步选取一年期内的贷款基准利率对文章基准结果进行稳健性检验，回归结果如表4-4所示。表4-4（1）列所示，贷款基准利率一次项前的系数显著为负（-4.454），二次项前的系数显著为正（40.9）。这表明贷款基准利率与企业杠杆率之间存在"U"形曲线的非线性关系，这与本章的基准结论相一致，此时"U"形曲线的拐点约处于0.056处。（2）列和

（3）列的回归结果表明，货币政策与企业杠杆率间的"U"形曲线关系主要表现在企业短期杠杆率中。（4）列和（5）列的回归结果表明，货币政策与企业杠杆率间的"U"形关系主要集中在非国有企业中，在国有企业中表现得并不显著。综上所述，在替换货币政策代理变量后，本章的基准回归结果保持不变。

表 4-4　　　　　　　　　　　　替换货币政策代理变量

变量	(1) lev	(2) slev	(3) llev	(4) lev	(5) lev
L. lr	-4.454 *** (-3.30)	-8.088 *** (-5.92)	3.087 *** (3.60)	1.663 (0.98)	-7.075 *** (-3.43)
L. lr²	40.90 *** (3.54)	73.08 *** (6.22)	-27.54 *** (-3.68)	-6.176 (-0.42)	58.57 *** (3.25)
L. size	0.0313 *** (8.02)	-0.00555 (-1.40)	0.0341 *** (17.21)	0.0341 *** (7.78)	0.0350 *** (6.68)
L. tang	0.183 *** (12.48)	0.165 *** (11.79)	0.0141 (1.63)	0.115 *** (5.89)	0.246 *** (12.10)
L. ROA	-0.659 *** (-17.79)	-0.478 *** (-14.18)	-0.193 *** (-10.40)	-0.749 *** (-15.87)	-0.487 *** (-9.85)
L. BTM	0.0344 *** (16.96)	0.0264 *** (12.62)	0.00801 *** (5.28)	0.0295 *** (13.07)	0.0390 *** (10.48)
L. tax	-0.0642 *** (-11.32)	-0.0538 *** (-9.91)	-0.0129 *** (-4.45)	-0.0565 *** (-7.47)	-0.0630 *** (-8.45)
L. mlev	0.148 *** (5.63)	0.0816 *** (3.04)	0.0717 *** (4.83)	0.0487 (1.44)	0.236 *** (6.25)
L. GDP	0.00262 *** (5.26)	0.00246 *** (5.16)	0.0000705 (0.24)	0.00221 *** (3.81)	0.00268 *** (3.46)
常数项	-0.00254 *** (-2.74)	-0.00307 *** (-3.40)	0.000355 (0.72)	-0.00126 (-1.41)	-0.00396 *** (-2.60)
聚类	企业	企业	企业	企业	企业
个体固定效应	是	是	是	是	是
季度固定效应	是	是	是	是	是
观测值	93977	93977	93681	45596	48381
R²	0.152	0.092	0.117	0.164	0.154

注：括号内为 t 值。*、**、*** 分别表示变量在 10%、5% 和 1% 的显著性水平下显著。

2. 控制时间固定效应

计量模型中时间固定效应的引入有助于控制那些随时间变动但不随个体变动的因素对企业杠杆率的影响。但由于本章主要解释变量是时间序列变量，因此本章基础模型中并未对时间固定效应进行控制，这可能会导致回归结果出现偏差。为了能够在回归方程中加入时间固定效应，本章将在基准回归方程中引入 M2 同比增速与企业融资约束程度的交互项④，具体回归方程如下：

$$Y_{i,t} = \alpha + \beta_1 MP_{t-1} FC_{i,t-1} + \beta_2 MP_{t-1}^2 FC_{i,t-1} + \gamma firm_{i,t-1} + \delta_1 Province_{p,t-1} +$$
$$\delta_2 Industry_{p,t-1} + \theta_i + year_t + quarter_t + \varepsilon_{i,t}$$

其中，$FC_{i,t-1}$ 为企业融资约束程度⑤，$year_t$ 为年份固定效应，用以控制那些可以对企业杠杆率造成影响的随时间变动但不随个体变动的因素。方程中加入了时间固定效应，货币政策代理变量的一次项和二次项作为时间序列变量，其系数在理论上无法计算出。因此，方程中并未包含货币政策代理变量的一次项和二次项，只包含了它们各自与企业融资约束程度之间的交互项。我们将通过观察交互项前的系数（β_1 和 β_2），判断在加入时间固定效应后，货币政策与企业杠杆率之间"U"形曲线的非线性关系是否依然成立。回归结果如表 4-5 所示，M2 同比增速一次项和二次项与企业融资约束交互项前的系数显著为负，而二次项与融资约束交互项前的系数显著为正。这意味着，在加入时间固定效应后，货币政策与企业杠杆率之间的"U"形曲线关系仍是显著存在的，且在不同融资约束程度的企业间具有显著异质性。为防止模型中出现遗漏变量的问题，本章

④ 考虑到本章在该回归模型中需要引入时间固定效应以及行业—年份虚拟变量和省份—年份虚拟变量，因此需要引入一个企业层面变量与货币政策形成交互项。结合本章提出的导致货币政策与企业杠杆率之间呈现"U"形曲线关系的主要原因，即企业对替代性融资渠道的使用，本章最终选择引入企业层面的融资约束程度变量。

⑤ 计算方法参照谭小芬和张文婧（2017），选取数据可得范围内的企业规模、有形资产占比和盈利水平三个最具代表性的指标来构造样本企业的融资约束程度指标。根据上述各项变量在所有企业中的排序位置分为 [0%~20%)、[20%~40%)、[40%~60%)、[60%~80%)、[80%~100%] 5 个区间，按照分值越大、企业外部融资能力越强的标准分别赋以 1~5 分值，之后对 3 项分指标的分值进行加总，并标准化到 [0，10] 区得到综合评分指标，以此更为全面地刻画企业融资约束程度。

货币政策与非金融企业杠杆率研究

76

借鉴钟宁桦等（2016）的方法，在方程中引入省份—年份虚拟变量和行业—年份虚拟变量，并加入被解释变量滞后项。回归结果如表4-5（4）列所示，货币政策与非金融企业杠杆率之间"U"形曲线的非线性关系依然成立。综上所述，在控制时间固定效应后，货币政策与企业杠杆率之间的"U"形曲线关系仍是显著存在的。

表4-5　　　货币政策与非金融企业杠杆率（控制时间效应）

变量	（1） lev	（2） lev	（3） lev	（4） lev
L. M2	- 0. 234 * （ - 1. 72）	0. 575 * （1. 95）		
L. M2^2	0. 990 *** （3. 11）	- 0. 755 （ - 1. 10）		
L. size	0. 0337 *** （8. 46）	0. 0261 *** （5. 11）	0. 0265 *** （5. 19）	0. 00212 *** （3. 19）
L. tang	0. 182 *** （12. 46）	0. 164 *** （10. 05）	0. 164 *** （10. 09）	0. 0190 *** （6. 58）
L. ROA	- 0. 654 *** （ - 17. 85）	- 0. 695 *** （ - 16. 91）	- 0. 696 *** （ - 16. 95）	- 0. 111 *** （ - 10. 19）
L. BTM	0. 0351 *** （17. 64）	0. 0446 *** （18. 95）	0. 0433 *** （18. 58）	0. 00290 *** （6. 35）
L. tax	- 0. 0639 *** （ - 11. 34）	- 0. 0628 *** （ - 11. 27）	- 0. 0629 *** （ - 11. 28）	- 0. 00349 ** （ - 2. 39）
L. mlev	0. 122 *** （4. 55）	0. 111 *** （3. 76）	0. 112 *** （3. 83）	
L. GDP	0. 00279 *** （5. 64）	0. 00202 *** （3. 23）	0. 00192 *** （3. 08）	
L. FD	- 0. 00270 *** （ - 2. 94）	- 0. 00239 *** （ - 2. 62）	- 0. 00237 *** （ - 2. 59）	
M2 _ FC		- 0. 150 ** （ - 2. 52）	- 0. 125 *** （ - 3. 83）	- 0. 0283 *** （ - 3. 41）
M22 _ FC		0. 348 ** （2. 51）	0. 351 *** （4. 93）	0. 0709 *** （3. 60）

变量	(1) lev	(2) lev	(3) lev	(4) lev
L. FC		0.0116 ** (2.00)	0.00760 ** (2.25)	0.00343 *** (4.21)
L. lev				0.890 *** (304.36)
常数项	− 0.408 *** (− 4.13)	− 0.290 ** (− 2.35)	− 0.241 ** (− 2.06)	0.0220 (0.70)
聚类	企业	企业	企业	企业
个体固定效应	是	是	是	是
季度固定效应	是	是	是	是
时间固定效应	否	否	是	否
行业—年份虚拟变量	否	否	否	是
省份—年份虚拟变量	否	否	否	是
观测值	93977	93977	93977	96025
R^2	0.154	0.160	0.159	0.825

注：括号内为 t 值。 * 、 ** 、 *** 分别表示变量在 10% 、5% 和 1% 的显著性水平下显著。

3. 调整样本期间和采用年度样本

由于我国在 2015 年底实施了主动去杠杆政策，去杠杆的重点逐步集中于国有企业。因此，企业杠杆率在 2015 年之后的变动可能更多地会受到政策变动的影响。为剔除去杠杆政策对企业杠杆率变动的影响，从而更好地识别货币政策与企业杠杆率之间的联系，本章通过剔除 2015 年之后的样本对基准回归结论进行稳健性检验，回归结果如表 4 - 6 所示。结果表明，本章基准结论并未发生明显变动。另外，为了消除对企业季度财务报表准确性的担忧，同时考虑到货币政策的传导作用可能存在一定的滞后性，本章使用企业年度财务数据，重新对所有回归方程进行估计。回归结果如表 4 - 7 所示，结果表明采用年度样本数据所得结论与本章基准结论不存在差别。

表4-6　　　货币政策与非金融企业杠杆率（调整样本期间）

变量	（1） lev	（2） slev	（3） llev	（4） lev	（5） lev
L. M2	-0.198 *** （-2.64）	-0.159 ** （-2.13）	-0.0843 （-0.79）	0.0324 （0.15）	-0.0518 （-0.42）
L. M2^2	1.015 *** （5.38）	0.688 *** （3.65）	0.380 （1.54）	0.340 （0.69）	0.774 ** （2.47）
L. size	-2.752 *** （-4.23）	-2.782 *** （-4.32）	-0.278 （-0.75）	-1.596 * （-1.92）	-3.699 *** （-4.00）
L. tang	12.80 *** （4.45）	12.28 *** （4.33）	1.777 （1.10）	7.500 ** （2.05）	16.05 *** （3.95）
L. ROA	0.138 *** （3.86）	0.151 *** （4.25）	0.00361 （0.17）	0.0657 （1.41）	0.207 *** （4.03）
L. BTM	0.0287 *** （5.75）	-0.00315 （-0.63）	0.0350 *** （16.69）	0.0374 *** （8.10）	0.0396 *** （6.25）
L. tax	0.180 *** （12.36）	0.161 *** （11.49）	0.0135 （1.56）	0.114 *** （5.88）	0.238 *** （11.55）
L. mlev	-0.641 *** （-17.58）	-0.471 *** （-14.14）	-0.191 *** （-10.38）	-0.727 *** （-15.55）	-0.486 *** （-10.01）
L. GDP	0.0431 *** （18.29）	0.0302 *** （12.57）	0.00923 *** （6.21）	0.0310 *** （13.86）	0.0417 *** （10.21）
L. FD	-0.0622 *** （-11.16）	-0.0530 *** （-9.86）	-0.0126 *** （-4.35）	-0.0553 *** （-7.39）	-0.0621 *** （-8.50）
常数项	0.108 *** （3.68）	0.0221 （0.74）	0.0576 *** （3.70）	0.00919 （0.27）	0.136 *** （3.16）
聚类	企业	企业	企业	企业	企业
个体固定效应	是	是	是	是	是
季度固定效应	是	是	是	是	是
观测值	93977	93977	93681	45596	48381
R^2	0.159	0.097	0.119	0.168	0.163

注：括号内为 t 值。* 、** 、*** 分别表示变量在10% 、5% 和1% 的显著性水平下显著。

表 4 – 7   货币政策与企业杠杆率（年度数据）

变量	（1） lev	（2） lev	（3） slev	（4） llev	（5） lev	（6） lev
L. M2	−0. 463 ** （−2. 46）	−0. 771 *** （−4. 24）	−0. 726 *** （−3. 91）	0. 231 ** （2. 11）	0. 544 ** （2. 32）	−0. 976 *** （−3. 85）
L. M2^2	1. 568 *** （3. 48）	2. 659 *** （5. 91）	1. 952 *** （4. 39）	−0. 327 （−1. 24）	−0. 826 （−1. 47）	2. 796 *** （4. 56）
L. size	0. 0354 *** （8. 48）	0. 0343 *** （11. 79）	−0. 000275 （−0. 07）	0. 0331 *** （15. 67）	0. 0383 *** （8. 23）	0. 0427 *** （7. 65）
L. tang	0. 156 *** （10. 31）	0. 171 *** （10. 60）	0. 147 *** （10. 06）	0. 00254 （0. 29）	0. 105 *** （5. 43）	0. 205 *** （9. 29）
L. ROA	−0. 784 *** （−16. 15）	−1. 128 *** （−18. 28）	−0. 594 *** （−13. 36）	−0. 217 *** （−8. 73）	−0. 861 *** （−13. 45）	−0. 590 *** （−9. 74）
L. BTM	0. 0362 *** （16. 18）	0. 0659 *** （23. 27）	0. 0265 *** （11. 52）	0. 00968 *** （5. 94）	0. 0316 *** （12. 74）	0. 0406 *** （9. 58）
L. tax	−0. 0699 *** （−8. 70）	−0. 149 *** （−11. 36）	−0. 0594 *** （−7. 80）	−0. 0159 *** （−3. 70）	−0. 0527 *** （−5. 26）	−0. 0783 *** （−6. 86）
L. mlev	0. 119 *** （4. 37）	0. 328 *** （10. 21）	0. 0783 *** （2. 76）	0. 0492 *** （3. 03）	0. 000605 （0. 02）	0. 212 *** （5. 30）
L. GDP	0. 00346 *** （5. 45）	0. 00630 *** （9. 29）	0. 00358 *** （5. 74）	−0. 000216 （−0. 58）	0. 00216 *** （2. 90）	0. 00336 *** （3. 31）
L. FD	−0. 0142 *** （−2. 89）	−0. 0175 *** （−3. 97）	−0. 0180 *** （−3. 68）	0. 00260 （1. 02）	−0. 0122 ** （−2. 38）	−0. 0200 ** （−2. 51）
常数项	−0. 378 *** （−3. 67）	−0. 458 *** （−6. 00）	0. 377 *** （3. 58）	−0. 690 *** （−12. 81）	−0. 422 *** （−3. 60）	−0. 557 *** （−4. 01）
聚类	企业	企业	企业	企业	企业	企业
个体固定效应	是	否	是	是	是	是
季度固定效应	是	是	是	是	是	是
行业固定效应	否	是	否	否	否	否
省份固定效应	否	是	否	否	否	否
观测值	24205	24205	24205	24083	11692	12513
R^2	0. 171	0. 419	0. 107	0. 118	0. 192	0. 163

注：括号内为 t 值。*、**、*** 分别表示变量在 10%、5% 和 1% 的显著性水平下显著。

4.6　本章小结

自 2015 年我国提出"三去一降一补"的供给侧结构性改革以来，货币政策作为调控社会中资金供给的手段，在我国主动去杠杆的阶段该如何作为备受关注。实施从紧的货币政策以降低社会中资金供给，是否有助于实现良性的去杠杆，值得进行深入的分析与探讨。本章运用我国上市非金融企业 2005 年第一季度至 2017 年第四季度的非平衡面板财务数据，从微观层面考察了货币政策与非金融企业杠杆率之间的关系，并考察了这一关系在不同期限杠杆率以及不同所有制企业间是否存在异质性。以中国上市企业为样本的回归结果表明，货币政策与非金融企业杠杆率之间存在显著的"U"形曲线关系，即随着货币政策的不断紧缩，非金融企业杠杆率会呈现出先下降后上升的趋势。这一基本结论为我国当前中性货币政策的实施提供了经验证据。进一步地，从企业杠杆率的不同期限来看，货币政策与企业杠杆率间的"U"形曲线关系在短期杠杆率中表现得更为明显，在长期杠杆率中表现得并不显著；从不同所有制看，这一非线性关系在非国有企业中表现得更为明显，在国有企业中并不显著。这意味着，当货币政策紧缩程度超过一定的阈值时，继续紧缩的货币政策会导致非国有企业杠杆率上升，且这种上升趋势主要集中在短期杠杆率方面。企业短期杠杆率的上升无疑会导致非国有企业流动性风险和违约风险的上升。

另外，基于过度紧缩货币政策导致企业杠杆率上升的替代性融资渠道和所有者权益渠道，本章进一步验证了货币政策与企业杠杆率间的关系在不同地区、不同行业以及不同企业间的异质性。结果表明，处于金融业市场化程度较低地区中的非国有企业、处于具有较低竞争度行业中的非国有企业以及实际盈利水平较低的非国有企业，其杠杆率在货币政策过度紧缩时会出现更为显著的上升。上述异质性的存在也在一定程度上验证了替代性融资渠道和所有者权益渠道在货币政策过度紧缩时导致企业杠杆率回升这一结论的有效性。

上述结果对于货币政策如何在去杠杆进程中发挥作用的讨论具有重要意义。首先，"一刀切"的紧缩性货币政策并不有助于企业杠杆率的良性降低，稳健中性的货币政策更有助于降低企业杠杆率。无论是大幅紧缩的货币政策，抑或是大幅宽松的货币政策，都很可能事与愿违，并不能有效降低企业杠杆率。对我国 A 股上市非金融企业的实证分析表明，货币政策与企业杠杆率之间存在显著的"U"形曲线关系。当货币政策紧缩至一定的阈值时，随着货币政策的继续紧缩，企业杠杆率反而会上升。这一特征在短期杠杆率和非国有企业中表现得更为明显。因此，去杠杆不能付诸于"一刀切"的紧缩货币政策，在我国主动去杠杆的进程中，货币政策应在保持稳健中性的前提下适度增加灵活性，根据形势动态变化，松紧适度。

其次，我国银行体系在发放贷款时仍然显著存在"所有制歧视"和"规模歧视"现象（张杰等，2013），随着货币政策的不断紧缩，这一现象将更加明显。在货币政策过度紧缩时期难以获得信贷融资的企业，将会增加对替代性融资渠道的使用。替代性融资渠道对货币政策紧缩效应的抵消及其较高的融资成本是推动企业杠杆率在这一时期上升的主要原因之一。企业杠杆率在这一时期的上升并不是企业主动加杠杆造成的，而是企业为了维持正常运营不得不忍受较高的融资成本导致的被动升高。这会导致企业流动性风险和违约风险加大，使企业陷入债务通缩的恶性循环，对金融稳定造成不利影响，反而不利于企业主动去杠杆。因此，为了使货币政策在今后主动去杠杆进程中能更有效地发挥作用，应致力于解决非国有企业特别是民营企业所面临的融资约束问题。政府应进一步推进金融体系改革、优化金融生态环境。具体来说，发展多层次的直接融资体系和间接融资体系、增强金融市场化程度、提高金融资源配置效率、完善法律体系、健全诚信制度、减少政府干预等，使企业的外部资金供给更为充裕，以缓解非国有企业面临的融资约束和发展困境。

最后，应积极维护中国企业间商业信用体系的良性运转。在中国金融体系发展尚不健全的情况下，商业信用在公司融资结构中的重要性更加值得重视（刘欢等，2015）。本章实证分析表明，上市非国有企业因货币政策过度紧缩而难以获得银行信贷融资时会更加依赖商业信用的使用，特别是处于竞争程度较低行业中的上市企业。然而企业信用体系是一个链条，如果企业的融资结构过度依赖商业信用，则会形成庞大的债务链。资金链条中有一个环节出现问题，整个链条都会受到影响，致使身处链条中的各企业资金匮乏，带来严重的互相拖欠债务的现象，影响企业正常的经营活动，甚至导致企业面临经营困境乃至破产的风险。因此，鉴于中国正规金融体系发展阶段的制约，积极打造国内良好的信用体系，维护中国企业间商业信用体系的良性运转，促进企业供应链生态的和谐发展，充分挖掘和有效发挥商业信用在弥补中小企业外部融资缺口方面的价值，无疑是一个颇具前景的现实选择。

第五章　货币政策国际传导与非金融企业杠杆率

5.1　引言

国际金融危机后，美联储等主要发达经济体的央行将利率削减至零利率水平后，继续通过实施非常规货币政策，向金融市场投放了大量流动性，以刺激国内经济复苏。尽管各国可以根据国内目标自主制定货币政策，但是流动性不会局限于一国范围内，一个国家经济规模越大，系统重要性越强，尤其是储备货币国，其货币政策溢出效应也就越大。因此，国际社会一直强调 G4 的货币政策和信贷宽松程度会影响到跨境信贷供给，从而影响全球的融资形势和流动性状况（IMF，2014）。一般来说，随着全球流动性的上升，国际金融体系的融资程度会越来越宽松，这意味着银行和资本市场向实体提供金融资产融资的能力越来越强。

货币政策当局的货币释放是流动性产生的基础条件。美国作为最大的经济体和最大的国际收支持续逆差的储备货币国，其系统重要性和货币政策溢出效应不言而喻。Cerutti、Claessens 和 Ratnovski（2014）为研究哪些国家在主导全球流动性的变化，比较了美国、英国和欧元区国家对于全球流动性和东亚跨境贷款的影响。结果表明，美国主要是通过其货币政策影响全球流动性变化，且对东亚地区信贷影响最为显著；而英国和欧元区国家则主要是通过银行状况影响全球流动性。若在考虑美国利率对全球流动性影响的基础上，进一步考虑美国货币政策对投资者风险偏好、不确定性和银行业杠杆率的影响，结果发现美国货币政策对全球流动性的影响要显著高于其他国家（Rey，2015）。

美国货币政策会通过汇率、大宗商品价格和国际资本流动间接影响到新兴市场国家的经济金融形势和宏观经济政策走向（谭小芬，2010），从而对新兴市场国家非金融企业在世界范围内的融资环境和融资条件造成影响。如图 5 – 1 显示，美国量化宽松货币政策的实施会导致新兴市场国家货币升值、国内利率被动降低、资产价格上升、信贷供给增加。这无疑有利于新兴市场国家中的非金融企业以更低的融资成本和拥有更多的融资机会去增加其负债规模。那么，国际金融危机后美国量化宽松货币政策的实施是否助推了新兴市场国家非金融企业杠杆率的快速上升？二者之间是否存在一定的内在联系？基于现有文献对美国货币政策影响新兴市场国家宏观经济不同渠道的总结（He and McCauley，2013；Bruno and Shin，2017），美国货币政策可能会通过以下两种渠道对新兴市场国家非金融企业杠杆率产生影响。[①] 第一种渠道可称为利率渠道，即新兴市场国家中央银行为抑制本币升值，将本国政策利率被动降低，从而刺激社会总需求，促进非金融企业杠杆率的增加；第二种渠道为融资约束渠道，即新兴市场经济体的资金供给增加和资产价格的上涨会通过增加企业融资来源和抵押品价值来缓解企业的融资约束，促进非金融企业杠杆率的上升。本章将基于上述两种渠道对美国货币政策与新兴市场国家非金融企业杠杆率变动之间的关系进行细致探讨，以期从国际视角为我国非金融企业降杠杆的政策选择提供一定的参考。

本章运用 28 个新兴市场国家 2003—2015 年非金融企业年度数据，对美国货币政策与新兴市场国家非金融企业杠杆率之间的关系展开研究，并对二者的关系从不同企业融资约束、不同行业外部融资依赖程度以及不同国家特征角度进行了拓展。相对于以往研究，本章的边际贡献主要包括以下四点：首先，企业杠杆率决定因素的研究大多数集中于考察企业特征、行业特征和国家特征因素的影响，当前探讨全球因素对企业杠

[①] 实际上，美国货币政策可能会通过一系列相互叠加的渠道对新兴市场国家非金融企业杠杆率造成影响，如利率渠道、信贷渠道、资产价格渠道、汇率渠道等，但其本质都是通过影响企业的融资约束进而影响企业杠杆率。由于渠道间的相互影响和叠加，在实证分析中很难单独考察每一种渠道独立的效应。鉴于"不可能三角"理论为本章单独验证利率渠道提供了可能，因此，本章参考现有文献做法将众多渠道划分为利率渠道和融资约束渠道（Bruno and Shin，2017；Alter and Elekdag，2016）。

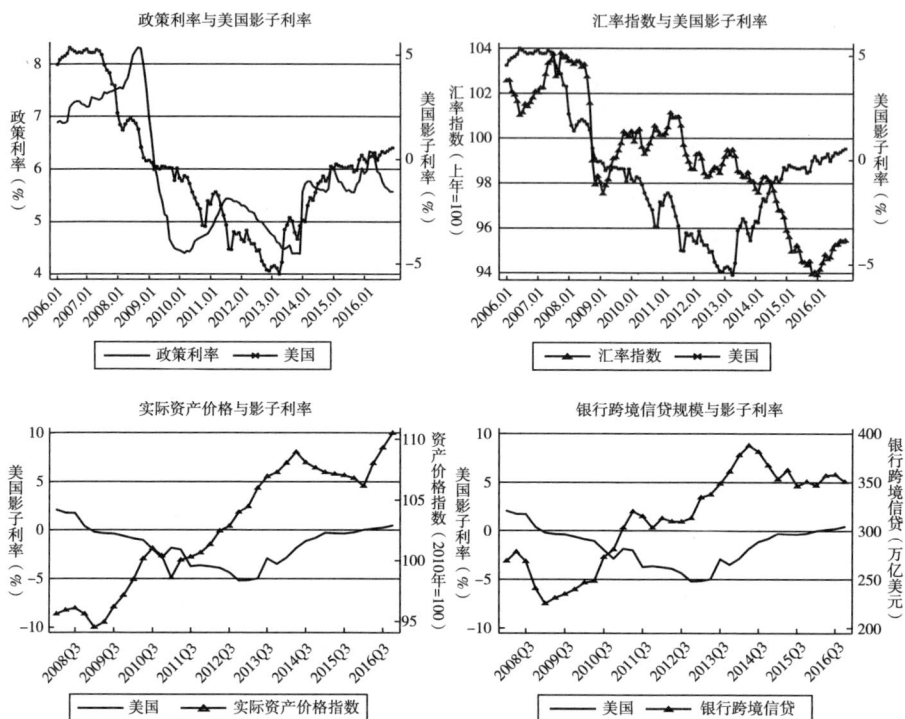

注：2008Q3 表示 2008 年第三季度，余同此含义。

图 5 - 1　美国影子利率与新兴市场国家各宏观指标变动趋势

资料来源：国际清算银行、新西兰央行、作者计算。

杆率影响的文献仍很稀少。本章则在已有文献的基础上，证实了新兴市场国家非金融企业杠杆率变动同样会受到美国货币政策的影响。这进一步丰富了企业杠杆率决定因素的研究。其次，本章运用微观层面跨国数据分析了美国货币政策对新兴市场国家外溢效应的微观层面表现，相较之前研究文献描述的国家宏观层面表现更进一步。这不仅有助于更充分地了解美国货币政策外溢效应对新兴市场国家实体经济的冲击，也有助于为新兴市场国家当前较高债务风险的处理提供新的视角。再者，本章分析了美国货币政策与新兴市场国家非金融企业杠杆率变动之间的关系在不同企业类型、不同行业、不同国家以及不同区域间的差异性。最后，以往文献在衡量美国货币政策时大多采用联邦基金利率指标，但是这一指标仅考虑了常规货币政策对新兴市场的溢出效应，而忽略了危机后非常规货币政策对新兴市场的溢出效应。[②] 本章采用影子利率能够更好地衡量常规和非常规货币政策对新兴市场综合的溢出效应。

本章余下部分的结构安排如下：第二部分是文献综述和研究假设，第三部分是计量模型设定和数据描述，第四部分是实证结果分析和稳健性检验，第五部分为本章小结。

5.2 文献综述与研究假设

自 MM 定理提出以来，众多学者对企业如何进行融资决策以实现企业价值最大化进行了大量研究。Frank 和 Goyal（2009）通过对前人研究文献的梳理，从企业层面、行业层面和国家层面提出了企业杠杆率的六大核心决定因素，即资产规模、盈利能力、有形资产占比、市值账面比、行业平均杠杆率和预期通货膨胀率。Korajczyk 和 Levy（2003）作为首篇考察宏观经济与企业杠杆率关系的实证文献，认为企业杠杆率除会受到传统企业特征因素的影响外，还会受到宏观经济状况的显著影响。宏观经济状况除了会对企业杠杆率产生直接影响外，还会通过改变杠杆率决定因素与企业杠杆率之间的关系对企业杠杆率产生间接影响（Halling et al.，2016）。而企业面临融资约束和所处行业的不同则会导致宏观经济状况对企业杠杆率的影响呈现差异性（吴华强等，2015）。在众多宏观因素中，货币政策作为各国主要宏观经济调控政策之一，其对企业杠杆率的影响也受到了众多学者的关注。货币政策主要通过货币渠道和信贷渠道影响实体经济：货币渠道是指货币政策通过利率和汇率影响实体经济，而利率和汇率的变动则会通过影响企业的融资成本进一步影响企业的投融资决策；信贷渠道是指货币政策通过影响银行信贷行为和借贷双方资

---

② 众所周知，美联储在 2007 年 9 月至 2008 年 12 月期间连续降息 10 次，将联邦基金利率目标区间由 5%～5.25% 下调至 0～0.25%，随后实施四轮量化宽松货币政策，主要通过大规模购买美国长期国债、机构债、长期抵押支持证券（MBS）等非常规措施为市场注入流动性，导致美联储资产负债表大规模扩张。美联储总资产规模从 2007 年底的 9147.76 亿美元扩大到 2018 年初的 44348.63 亿美元，扩张了近 4 倍。

产负债表质量进而影响实体经济和借贷双方借贷能力（Bernanke and Gertler，1995）。

美国货币政策变动会通过多条潜在的、相互叠加的渠道对新兴市场国家宏观经济环境和货币政策实施造成显著影响，如利率渠道、汇率渠道、资产价格渠道等（He and McCauley，2013），从而改变新兴市场国家非金融企业的外部融资环境。例如，在资本流入激增期间，新兴市场国家央行为避免本币进一步升值会将政策利率降低至意愿水平之下（Rey，2015），这种过低的利率传递给实体经济之后会通过刺激总需求来促使企业增加负债，从而促使企业杠杆率的快速上升。同时，大量国际资本流入新兴市场国家还会通过缓解企业融资约束来促使企业杠杆率的增长。大规模资本流入会推升新兴市场国家资产价格、增加社会资金供给（刘莉亚，2008），这将提高抵押品的价值，改善公司财务状况，从而放松借贷限制。因此，从理论上讲，美国货币政策调整对新兴市场国家宏观经济环境和货币政策所造成的外溢影响在传递给实体经济后会对新兴市场国家非金融企业的融资决策造成影响。由于新兴市场国家大多存在金融市场不发达、金融发展程度较低、信贷配给不足等问题，新兴市场国家中的企业，特别是处于行业外部融资依赖程度较高行业中的企业，其融资需求得不到满足的可能性会更高。因此，其在金融发展程度提升时杠杆率会出现更大比例的增长（Rajan and Zingales，1998）。同时，现有研究也进一步表明，在企业外部融资环境发生改变时，行业外部融资依赖程度较高的企业，其杠杆率变动要显著大于其他企业（谭语嫣等，2017；Alter and Elekdag，2016）。因此，可以预计美国货币政策调整使新兴市场国家非金融企业面临的融资机会和融资成本发生变动时，行业外部融资依赖程度较高的企业在外部融资规模上会做出更大幅度的调整，最终表现为对美国货币政策调整杠杆率变动幅度更大。基于此，本章提出假设1。

假设1：新兴市场国家中处于行业外部融资依赖程度较高行业中的企业，其杠杆率变动平均受美国货币政策的影响会显著高于其他行业中的企业。

美国货币政策调整会对新兴市场国家宏观经济环境和货币政策实施产生显著的外溢效应，这种外溢性主要通过以下两个渠道对新兴市场国家非金融企业融资决策造成影响（Gertler and Gilchrist，1994）：一是改变企业的经济环境，进而影响企业的财务状况和抵押品价值；二是改变资金供给方可贷资金的供给量，从而改变企业的外部融资溢价，最终影响到企业的融资选择。相比财务融资约束较低的企业，如大规模企业、高信用评级企业，财务融资约束较高的企业往往存在着外部融资渠道单一的情况，从而导致其外部融资行为对宏观经济环境和货币政策的变动更为敏感（Cooley and Quadrini，2006）。通常来说，企业财务融资约束较高的企业由于具有规模小、风险高的特点，在外部融资过程中往往会遭受信贷歧视，从而导致这类企业的杠杆率受外部宏观环境变动的影响要显著大于财务融资约束较弱的企业（才国伟等，2018；陆正飞等，2009；江龙等，2013）。基于此，本章提出假设2。

假设2：新兴市场国家中面临较高财务融资约束的非金融企业，其杠杆率变动受美国货币政策的影响要显著大于其他企业。

新兴市场国家经济基本面、金融市场完善程度、汇率制度、资本账户开放程度等宏观经济因素的不同会使美国货币政策的外溢效应在不同新兴市场国家呈现差异性（谭小芬等，2016；Ahmed et al.，2017）。新兴市场国家国内宏观经济受美国货币政策调整的外溢影响与其金融市场开放程度呈现显著的正相关关系（Eichengreen et al.，2015）。因此，在假设其他条件不变的情况下，可以预期此类新兴市场国家中的非金融企业，其融资环境受美国货币政策调整的影响同样会更为明显。进一步地，克鲁格曼"不可能三角"理论表明，资本自由流动、浮动汇率制和货币政策独立性三者并不能同时存在。在国际资本自由流动的条件下，只有采用浮动汇率制的国家才有货币政策的独立性。现实中并没有国家采取完全浮动汇率制，各国出于各种原因的考虑均会对汇率进行人为干预，从而导致货币政策独立性降低。从这个意义上讲，浮动汇率制度给一国货币政策提供了部分自主权，但并不能使一国货币政策具有完全的、实质性的自主权。总体来看，汇率更具有弹性的新兴市场国家，其货币政策独立性要高于汇率弹性僵化的国家。这意味着，当美国货币政策调整时，汇率具有较高弹性的新兴市场国家，其国内政策利率被动跟随美联储货币政策调整的幅度要小于汇率僵化的新兴市场国家（Han and Wei，2018）。因此可以预期，在其他条件（宏观经济基本面、金融市场开放程度等）不变的情况下，新兴市场国家间实际汇率制度的差别会导致不同新兴市场国家货币政策被动跟随美国货币政策调整的幅度不尽相同，从而导致利率渠道在美国货币政策外溢效应中所起到的作用存在差别。汇率弹性较低的新兴市场国家，其国内货币政策会被动跟随美国货币政策出现更大幅度的调整。此时，美国货币政策调整通过利率渠道对新兴市场国家非金融企业杠杆率造成的影响会在汇率弹性较低的新兴市场国家中表现得更为明显。基于此，提出假设 3。

假设 3：新兴市场国家非金融企业杠杆率变动对美国货币政策的反应会随一国资本账户开放程度和汇率弹性的不同而发生变动。资本账户开放程度越高的国家，其国内企业杠杆率变动受美国货币政策的影响越大；在资本账户开放程度相同时，汇率弹性越僵化的国家，其国内企业杠杆率变动受美国货币政策的影响程度越大。

5.3 数据来源和计量模型设定

5.3.1 数据来源

本章运用全球上市企业分析库（Osiris 数据库）中 28 个新兴市场国家[③]2003—2015 年非金融类企业的年度数据作为原始样本，并对样本做以下处理：（1）剔除企业杠杆率为负值的观测值；（2）为剔除异常值对

[③] 28 个新兴市场国家包括巴西、南非、中国、印度、俄罗斯、保加利亚、智利、哥伦比亚、阿根廷、克罗地亚、匈牙利、印度尼西亚、哈萨克斯坦、立陶宛、墨西哥、巴基斯坦、秘鲁、菲律宾、波兰、韩国、罗马尼亚、土耳其、乌克兰、委内瑞拉、埃及、马来西亚、泰国、越南。虽然 IMF 将韩国划分为发达国家，但 BIS 在公布的非金融企业债务数据中将其归纳为新兴市场国家，因此，本章将韩国归入新兴市场国家。

回归结果的影响，对企业层面变量做上下2%的缩尾处理。④

5.3.2　主要变量定义和计算

1. 企业杠杆率

本章在基准回归中使用账面杠杆率作为企业杠杆率的代理变量，即账面总负债除以账面总资产。为保证结果的稳健性和可比性，本章在稳健性检验部分还采用以下两种杠杆率衡量方式对主要结果进行稳健性检验：（1）总负债除以股东权益；（2）扣除现金及现金等价物之后的企业负债除以总资产。因变量之所以采用企业杠杆率的一阶差分形式，主要考虑到杠杆率增速相比杠杆率水平值可以更好地描述新兴市场国家非金融企业部门的债务风险（Jordà et al.，2013；Bernardini and Forni，2017），同时也是为了剔除新兴市场国家非金融企业杠杆率在金融危机后的普遍上升趋势。因此，本章借鉴 Graham et al.（2015）和 Demirci et al.（2017）的研究方法将企业杠杆率的一阶差分作为因变量，以期重点关注美国货币政策对新兴市场国家非金融企业杠杆率变动的影响，即对增量变化的影响。

2. 美国货币政策

本章使用影子利率（shadow short rate）作为美国货币政策的代理变量，该数据来源于新西兰央行。采用影子利率的优势在于，该变量可以更好地衡量非常规货币政策的影响，而采用联邦基金利率却完全忽略了非常规货币政策的影响，因而不符合危机后的实际情形。⑤ 在稳健性检验部分，本章也将使用美国联邦基金利率、1 年期国债收益率以及由联邦基金利率期货计算出的联邦基金利率预期值⑥作为美国货币政策的代理变

---

④　企业变量在经过上下 1% 的缩尾处理后仍存在明显的异常值，如杠杆率仍会有超过 300% 的存在。另外，上下 2% 的缩尾处理对本章的样本量而言是很小的，并不会使实证结果出现偏差。

⑤　影子利率可以更好地测算金融危机后美国货币政策进入零利率限制后，实施以大规模资产购买为主要特征的量化宽松（QE）货币政策对利率的影响。

⑥　联邦基金利率期货是以美国 30 天期 500 万美元的联邦基金为标的物的利率期货合约，它反映的是市场对于美国联邦基金利率的预期。

量，对本章主要结论进行稳健性检验。

3. 行业外部融资依赖程度

本章借鉴 Rajan 和 Zingales（1998）的思想和方法，运用 1960—2006 年美国上市企业的财务数据测算行业外部融资依赖程度。行业外部融资依赖程度的计算公式如下。

外部融资依赖程度（RZ_s）=（资本性支出 − 现金流）/ 资本性支出

其中，现金流 = 营运现金流 + 存货的减少 + 应收账款的减少 + 应付账款的增加。正如 Rajan 和 Zingales（1998）所指出的，美国拥有最发达的金融市场及完善的法治与制度环境，企业面临的外部融资困难最小。因此，美国行业的特征反映的仅仅是某个行业纯粹的技术特征，基于美国企业构建行业的外部融资依赖程度指标受到其他非技术因素（如金融市场的摩擦、制度的不完善）的影响最小，并且对新兴市场国家企业而言是外生的。本章在计算行业外部融资依赖程度时采用全球行业分类标准（GSIC）中的三级指标划分行业，在剔除金融业后共得到 56 个行业的行业外部融资依赖程度指标。具体构造步骤如下：（1）计算每家美国上市企业 1996—2006 年的外部融资依赖程度，并取样本期间的平均值，作为该企业的行业外部融资依赖程度（$RZ_{i,s}$）；（2）取某一具体行业中所有企业外部融资依赖程度的中位数作为该行业的外部融资依赖程度，形成行业外部融资依赖程度变量 RZ_s；（3）按照样本企业的三级行业分类代码将由美国上市企业数据计算得到的行业外部融资依赖程度赋值给样本企业。

4. 不同国家特征的代理变量

本章主要从资本账户开放程度、实际汇率制度选择、金融发展程度和所处地域的不同考察了美国货币政策调整对不同新兴市场国家非金融企业杠杆率变动的影响。其中，金融发展程度采用 IMF 公布的各国金融发展程度指数，资本账户开放程度采用 Chinn 和 Ito（2006）的金融开放指数衡量。[⑦] 本章根据 IMF 公布的《汇兑安排和汇兑限制年报》中的汇

---

⑦　数据来源于 http：//web. pdx. edu/ ~ ito/Chinn – Ito _ website. htm。

率制度分类对各国汇率制度进行赋值。⑧ 同时，为保证结果的稳健性，本章还进一步采用 Aizenman et al.（2013）给出的"三角悖论"指数中的汇率稳定指数⑨和双边名义汇率波动率两个指标作为各国实际汇率制度的代理变量。本章采用计算汇率对数收益率的标准差的方法来衡量本国货币与美元的双边名义汇率波动率，以此衡量一国汇率制度。数值越高，表示该国实际汇率制度越倾向于浮动汇率制度。对于月度数据一般使用最近 12 个月的数据来计算，计算公式如下：

$$V_t = \sqrt{\frac{1}{12}\sum_{k=t-1}^{t-12}\Big(\ln(P_k) - \ln(P_{k-1})\Big)^2}$$

根据上式计算汇率波动率需要计算汇率对数的一阶差分，并且使用前一年的数据。⑩ 此外还需要注意的是，"三角悖论"指数中的汇率稳定指数的取值范围为 0 到 1，数值越大，表示一国汇率波动越稳定，即实际汇率制度越倾向于固定汇率制度，与本章另外两个汇率制度代理变量的变动相反。因此在进行实证分析时，本章采用 1 和该指数的差额代替原指数。

5. 企业融资约束的衡量

本章借鉴王碧珺等（2015）的构造方法，选取数据可得范围内最具代表性的四个变量来构造样本企业的融资约束程度：（1）企业规模，以企业总资产的对数值来衡量。企业规模是对企业融资约束的综合测度，企业规模和企业获得外部融资难易程度之间存在显著的正相关关系，即该变量数值越大，其面临的融资约束程度越低。（2）有形资产占比。在不完美的金融市场中，企业若拥有更容易转移给投资者的资产会提高企业获得外部融资的能力。该指标数值越大，企业融资约束程度越低。

---

⑧　IMF 公布的历年《汇兑安排和汇兑限制年报》将各国汇率制度划分为四大类：硬挂钩汇率制度、软挂钩汇率制度、有管理的浮动汇率制度和自由浮动汇率制度。因此，本章将根据这四大类汇率制度分类对样本国家汇率制度由 1 至 4 进行赋值，数值越大，表明该国汇率制度越趋向于浮动汇率制度。

⑨　数据来源于 http：//web. pdx. edu/~ito/trilemma_indexes. htm。

⑩　对汇率求自然对数后差分一次，第一个数据是 2002 年 1 月，使用 2002 年 1 月至 2002 年 12 月的汇率对数差分值来估计 2003 年 1 月的汇率波动率。依此类推，得到从 2003 年 1 月至 2015 年 12 月的汇率波动率数据，之后按年度取算数平均值得到该年度的汇率波动率。

（3）企业现金持有量，通过企业资产规模进行标准化。融资约束较大的企业出于预防性储蓄动机，通常会有较高的现金持有量（Whited and Wu，2006）。该变量数值越大，表明企业面临的融资约束程度越高。（4）盈利能力。本章采用销售净利润率，即净利润占销售收入的比率来衡量企业的盈利能力。该指标数值越高，企业的盈利能力越强，所面临的融资约束程度可能越低（王碧珺等，2015）。具体构造方式如下：首先，计算不同国家企业在不同年份中每个变量的不同分位数数值，根据企业不同年份各变量数值所处的分位数区间对其进行赋值；[11] 其次，将四个指标的数值加总，得到企业融资约束的代理变量 $FC_{i,s,c,t}$，取值越高，表示企业面临的融资约束程度越大。另外，本章进一步采用 SA 指数（Hadlock and Pierce，2010）描述企业融资约束程度，对主要结论进行稳健性检验。[12]

6. 国内货币政策

新兴市场国家非金融企业杠杆率的快速上升还有可能是因为在美国利率下降的时期，全球经济较差，这些新兴市场国家本身也会选择降低国内政策利率、增发信贷以刺激国内经济，从而导致企业杠杆率上升。为更好地识别美国货币政策的影响，本章将对新兴市场国家国内利率政策和信贷规模进行控制。国内信贷规模选取私人部门银行信贷规模占GDP 的比例，数据来源于世界银行数据库。对国内货币政策而言，本章将新兴市场国家货币政策的调整分为两部分：根据国内宏观经济形势作出的主动调整以及受美国货币政策变动影响作出的被动调整。为更好地识别美国货币政策调整对新兴市场国家非金融企业杠杆率的影响，本章在实证分析时对第一种类型的货币政策调整进行控制。为此，本章首先使用新兴市场国家存款利率与美国影子利率进行回归，将其残差项作为

---

① 企业规模、企业有形资产占比和盈利能力的实际取值位于其所在国家当年企业样本25分位数以下时，赋值为4；25 分位数至50 分位数时，赋值为3；50 分位数至75 分位数时，赋值为2；75 分位数以上时，赋值为1。当企业现金持有量位于其所在国家当年企业样本25 分位数以下时，赋值为1；25 分位数至50 分位数时，赋值为2；50 分位数至75 分位数时，赋值为3；75分位数以上时，赋值为4。

② KZ 指数同样是稳健性检验的一个很好的选择，但该样本中市值账面比和分红占总资本的比例这两个变量存在大量的缺失值，因此本章并没有采用KZ 指数进行稳健性检验。

本国货币政策主动调整部分的代理变量加入回归模型，以此在实证分析中尽可能地控制国内货币政策的主动调整的影响。

本章实证分析所用具体变量定义和基本统计描述如表5-1所示。

表5-1　　　　　　　　　主要变量定义与描述性统计

变量	定义	观测值	均值	标准差	最小值	最大值
lev	企业杠杆率=账面总负债/账面总资产	127044	0.532	0.338	0.0316	1.955
Δlev	杠杆率变动	127044	0.0025	0.118	-0.354	0.391
Sales	销售总额（取对数）	122667	7.072	2.864	0.921	14.21
Tang	有形资产占比=固定资产/总资产	127044	0.473	0.242	0.0227	0.957
ROA	总资产收益率=EBIT/总资产	126947	0.0587	0.101	-0.272	0.319
Tax	实际税率	121173	0.148	0.255	-0.768	1.007
Indu_lev	行业平均杠杆率	127044	0.504	0.120	3.43e-05	0.738
GDP	国内实际GDP增速	127030	0.0644	0.0312	-0.148	0.183
Credit	信贷规模=私人部门信贷规模/GDP规模	126941	0.0546	0.0427	-0.0142	1.217
RZ	行业外部融资依赖程度	56	0.0949	0.310	-0.746	0.997
SSR	美国影子利率	13	-0.0034	0.0294	-0.043	0.05016
FC	企业财务融资约束	127044	10.02	3.113	4	16
kaopen	资本账户开放程度	126806	-0.667	0.902	-1.904	2.374
ERC	实际汇率制度	127044	2.527	0.606	1	4
ERSI	汇率稳定指数	113970	0.490	0.263	0.112	1
VOL	双边名义汇率波动	127044	0.0138	0.0116	0	0.166

注：企业杠杆率是企业总负债占总资产的比例；企业杠杆率变动为企业杠杆率的一阶差分；企业销售额是企业总销售额的自然对数；有形资产占比是企业固定资产占总资产的比例；所有企业财务数据均来自Osiris数据库；行业平均杠杆率是按照全球行业分类标准中一级指标测算的各国不同年份、不同行业中的企业杠杆率的中位数；Credit是指非金融企业部门私人信贷规模与GDP规模的比例；行业外部融资依赖程度是按照Rajan和Zingales（1998）的方法由作者计算得出；美国影子利率数据来源于新西兰央行，计算方法可参考Krippner（2014）；FC表示企业面临的融资约束程度，由作者根据各企业财务数据计算得出；kaopen表示各国资本账户开放程度，数据来源于Chinn和Ito（2006）给出的CI指数；ERC表示各国汇率制度分类，由作者按照IMF公布的《汇兑安排和汇兑限制年报》中的各国汇率制度分类进行赋值。

本章使用的税率为实际所得税税率（所得税费用/息税前利润）。在会计上，所得税费用包括了当期应缴所得税和递延所得税。这导致了在样本企业中，有一定比例企业的实际所得税税率为负值（钟宁桦等，2016）。

资料来源：Osiris数据库、世界银行数据库、新西兰央行、作者计算。

5.3.3 计量模型设定

本章构造如下回归方程：

$$\Delta lev_{i,s,c,t} = \alpha + \beta_1\, SSR_{t-1} + \beta_2\, SSR_{t-1} \times External_{i,s,c,t} + \delta_1\, \Delta firms_{i,s,c,t-1} +$$
$$\delta_2\, Indus_{s,c,t} + \delta_3\, Macro_{c,t} + \delta_4\, External_{i,s,c,t} + \mu_i + \varepsilon_{i,s,c,t}$$

其中，下标 i,s,c,t 分别表示企业、行业、国家和时间；$\Delta lev_{i,s,c,t}$ 表示企业杠杆率变动，采用企业杠杆率一阶差分表示。SSR_{t-1} 为美国影子利率（SSR）的滞后一期，[13] 数值越小表示美国货币政策越宽松。$\Delta firms_{i,s,c,t-1}$ 为企业层面控制变量，具体包括企业销售额、总资产收益率、有形资产占比以及实际税率。考虑到该方程因变量为企业杠杆率的一阶差分，为尽可能缓解内生性问题，本章将企业层面控制变量同样进行一阶差分并滞后一期。$Indus_{s,c,t}$ 表示各国不同行业的平均杠杆率。$Macro_{c,t}$ 为各国宏观层面控制变量，具体包括各国实际 GDP 增速、信贷规模和国内货币政策。方程中系数 β_1 测度了美国影子利率对新兴市场国家非金融企业杠杆率变动的平均影响。

为对上述假设进行更好的验证，本章在方程中进一步引入外部变量 $External_{i,s,c,t}$。该变量具体包括行业外部融资依赖程度（RZ_s）、企业财务融资约束（$FC_{i,s,c,t}$）、资本账户开放程度（$kaopen_{c,t}$）和汇率弹性（$Exchange_{c,t}$），通过影子利率与外部变量交互项（$SSR_{t-1} \times External_{i,s,c,t}$）前的系数 β_2 对上述假设进行验证。首先，本章使用 RZ_s 和 SSR_{t-1} 的交互项用来验证假设 1。此时，方程中并不需要包含行业外部融资依赖程度指标（RZ_s）本身，因为该变量的影响在回归时已被个体固定效应完全吸收。[14] 其次，本章在控制行业外部融资依赖程度的影响后（回归方程中保留交互项 $SSR_{t-1} \times RZ_s$），采用 $FC_{i,s,c,t}$ 和 SSR_{t-1} 的交互项来检验假设 2。最后，在控制行业外部融资依赖程度和企业财务融资约束的影响后，本

---

[13] 货币政策对不同变量影响的时滞是不同的，当前文献一般以产出和通货膨胀为对象，如 Batini 和 Nelson（2002）的研究表明，货币政策对产出和通货膨胀的影响一般在 9 个月至 2 年可以得到显现。因此，本章在实证分析中对美国影子利率采取了滞后一期处理。

[14] 行业外部融资依赖程度指标（RZ_s）是随个体变动但不随时间变动的变量，RZ_s 若包含在方程中在进行固定效应回归时会同个体固定效应一样在组内差分时被消除掉。

章进一步选取 $kaopen_{c,t}$ 、$Exchange_{c,t}$ 和 SSR_{t-1} 的交互项用来检验假设 3。$kaopen_{c,t}$ 和 SSR_{t-1} 的交互项用来验证资本账户开放程度对美国货币政策与新兴市场国家非金融企业杠杆率变动之间关系的影响；而 $kaopen_{c,t}$ 、$Exchange_{c,t}$ 和 SSR_{t-1} 的三项交互项则用以验证在资本账户开放程度相同的情况下，美国货币政策对新兴市场国家非金融企业杠杆率的影响是否会随一国汇率弹性的变化而变化。

5.4　实证结果分析

5.4.1　不同行业间异质性

本章首先检验了美国货币政策与新兴市场国家非金融企业杠杆率变动之间的关系以及这一关系在具有不同行业外部融资依赖程度的行业间的差异性，回归结果如表 5 - 2 所示。表 5 - 2（1）列给出了美国影子利率对新兴市场国家非金融企业杠杆率变动的平均影响。结果表明，平均而言，美国影子利率每下降 1 个百分点会使新兴市场国家非金融企业杠杆率变动增加 0.076 个百分点。这一数值相较于样本中企业杠杆率平均每年 0.25 个百分点的变动而言是不容忽视的。为检验美国货币政策对新兴市场国家非金融企业杠杆率变动的影响在具有不同行业外部融资依赖程度的行业间是否存在差异，（2）列引入了行业外部融资依赖程度与美国影子利率之间的交互项。结果显示，交互项（L.SSR * RZ）前的系数估计值为 - 0.128，在 1% 的显著性水平下显著，意味着当美国影子利率下降 1 个百分点时，处于行业外部融资依赖程度较高行业中的企业，其杠杆率上升幅度平均要比其他企业高出 0.128 个百分点。（3）列则控制了时间固定效应，此时美国影子利率的影响将会被时间固定效应完全吸收，因此回归方程中将不再包含美国影子利率变量本身。结果显示，在控制时间固定效应后，交互项 L.SSR * RZ 前的系数仍显著为负。（4）列则进一步控制了行业—时间效应和国家—时间效应，使用这些虚拟变量可以控制每年每个行业和国家影响企业杠杆率调整的行业性和国家性因素（如各行业当年的景气程度，行业平均杠杆率、信贷情况、金融开放程度等），从而尽可能把企业杠杆率与控制变量之间的各种内生性降到最低，尤其是遗漏变量问题（钟宁桦等，2016）。结果显示，在进一步控制行业——时间效应和国家——时间效应后，交互项 L. SSR * RZ 前的系数仍是显著为负的。

综上所述，由表 5 – 2 的回归结果可以看出，美国货币政策对新兴市场国家非金融企业杠杆率变动会造成显著影响，美国货币政策宽松会促使新兴市场国家非金融企业杠杆率出现更大幅度的上升。同时，处于行业外部融资依赖程度较高行业中的企业，其杠杆率变动受美国影子利率的影响要显著高于其他企业。

表 5 – 2　　美国货币政策、行业外部融资依赖程度与企业杠杆率变动

变量	Δleverage			
	(1)	(2)	(3)	(4)
L. SSR	– 0.0761 ***	– 0.0642 ***		
	(– 5.28)	(– 4.29)		
L. SSR * RZ		– 0.128 ***	– 0.124 ***	– 0.162 ***
		(– 3.28)	(– 3.20)	(– 3.08)
L. Δsales	– 0.0134 ***	– 0.0133 ***	– 0.0143 ***	– 0.0144 ***
	(– 9.77)	(– 9.75)	(– 10.34)	(– 10.34)
L. ΔROA	– 0.0418 ***	– 0.0418 ***	– 0.0431 ***	– 0.0427 ***
	(– 6.03)	(– 6.03)	(– 6.23)	(– 6.11)
L. Δtang	0.0615 ***	0.0615 ***	0.0621 ***	0.0588 ***
	(11.87)	(11.86)	(11.99)	(11.22)
L. Δtax	0.000927	0.000893	0.000849	0.000759
	(1.05)	(1.01)	(0.97)	(0.86)
Indu _ lev	0.156 ***	0.157 ***	0.155 ***	
	(17.22)	(17.24)	(16.94)	
GDP	– 0.0569 ***	– 0.0559 ***	– 0.0362 *	
	(– 3.41)	(– 3.35)	(– 1.72)	
CPI	0.0330 **	0.0330 **	0.0312 *	
	(2.16)	(2.16)	(1.80)	

变量	Δleverage			
	（1）	（2）	（3）	（4）
Credit	0.00714	0.00726 *	0.0187 ***	
	(1.64)	(1.67)	(3.73)	
D＿MP	− 0.0317 ***	− 0.0316 ***	− 0.0341 ***	
	(− 2.61)	(− 2.61)	(− 2.67)	
常数项	− 0.0805 ***	− 0.0808 ***	− 0.0892 ***	0.00318 ***
	(− 11.88)	(− 11.92)	(− 12.19)	(3.26)
聚类	企业	企业	企业	企业
个体效应	是	是	是	是
时间效应	否	否	是	是
行业—时间效应[a]	否	否	否	是
国家—时间效应	否	否	否	是
观测值	100803	100796	100796	100940
R^2	0.012	0.012	0.015	0.021

注：括号内为 t 值，＊、＊＊、＊＊＊分别表示在 10%、5%、1% 的显著性水平下显著。a：行业按照全球行业分类代码中的一级指标进行划分。

5.4.2　不同企业间异质性

本章在表 5 - 2 所得结论的基础上进一步考察了具有不同财务融资约束特征（不同融资能力）的企业，其杠杆率变动受美国货币政策的影响是否具有差异，回归结果如表 5 - 3 所示。由（1）列结果可知，平均来看，美国影子利率每下降 1 个百分点，具有较高财务融资约束的企业，其杠杆率增幅要比其他企业高出 0.84 个百分点。表 5 - 3（2）列在控制个体效应和时间效应的基础上，进一步控制了行业—时间虚拟变量和国家—时间虚拟变量，结果发现影子利率与企业财务融资约束变量交互项（L. SSR ∗ FC）前的系数均显著为负，并且在 1% 的显著性水平下显著。为保证上述结论并不依赖于企业财务融资约束衡量方式的变化而变化，（3）列和（4）列则采用了文献中用于定量测度企业融资约束的指标 SA 指数对上述结论进行稳健性检验。结果显示，交互项（L. SSR ∗ SA）前的系数仍显著为负，表明上述结论是稳健的。另外，影子利率与行业外部融资依赖程度交互项（L. SSR ∗ RZ）前的系数仍显著为负，表明企业财务融资约束和行业外部融资依赖程度在美国货币政策影响新兴市场国家非金融企业杠杆率变动过程中的效应是共同存在的。总体来看，表5 – 3的回归结果支持了假设2，即具有较高财务融资约束的非金融企业，其杠杆率变动受美国货币政策的影响要显著大于其他企业。

表5 – 3　　　美国货币政策、企业融资约束与企业杠杆率变动

变量	Δleverage			
	（1）	（2）	（3）	（4）
L. SSR ∗ RZ	− 0. 0937 **	− 0. 130 **	− 0. 124 ***	− 0. 153 ***
	（ − 2. 41）	（ − 2. 44）	（ − 3. 16）	（ − 2. 84）
L. SSR ∗ FC	− 0. 00848 *	− 0. 0126 ***		
	（ − 1. 90）	（ − 2. 62）		
L. SSR ∗ SA			− 0. 0175 ***	− 0. 0229 ***
			（ − 5. 98）	（ − 4. 87）
SA			− 0. 00739 ***	− 0. 00781 ***
			（ − 9. 56）	（ − 9. 41）
FC	− 0. 00629 ***	− 0. 00645 ***		
	（ − 20. 63）	（ − 20. 79）		
L. Δsales	− 0. 0138 ***	− 0. 0140 ***	− 0. 0156 ***	− 0. 0158 ***
	（ − 10. 00）	（ − 10. 01）	（ − 11. 10）	（ − 11. 13）
L. ΔROA	− 0. 0427 ***	− 0. 0419 ***	− 0. 0438 ***	− 0. 0435 ***
	（ − 6. 18）	（ − 6. 02）	（ − 6. 25）	（ − 6. 15）
L. Δtang	0. 0359 ***	0. 0315 ***	0. 0601 ***	0. 0572 ***
	（6. 63）	（5. 72）	（11. 47）	（10. 80）
L. Δtax	0. 000920	0. 000849	0. 000503	0. 000412
	（1. 05）	（0. 96）	（0. 57）	（0. 47）
Indu _ lev	0. 164 ***		0. 156 ***	
	（17. 96）		（16. 66）	
GDP	− 0. 0253		− 0. 0217	
	（ − 1. 20）		（ − 1. 01）	

续表

变量	Δleverage			
	（1）	（2）	（3）	（4）
CPI	0.0234		0.00809	
	(1.35)		(0.46)	
Credit	0.0129 **		0.0116 **	
	(2.58)		(2.28)	
D_MP	−0.0323 **		−0.0327 **	
	(−2.54)		(−2.52)	
常数项	−0.0288 ***	0.0635 ***	−0.106 ***	−0.0212 ***
	(−3.65)	(19.77)	(−13.75)	(−7.39)
聚类	企业	企业	企业	企业
个体效应	是	是	是	是
时间效应	是	是	是	是
行业—时间效应	否	是	否	是
国家—时间效应	否	是	否	是
观测值	100796	100940	97703	97847
R^2	0.024	0.031	0.018	0.024

注：括号内为 t 值，* 、** 、*** 分别表示在 10%、5%、1%的显著性水平下显著。

5.4.3　不同国家间异质性

为考察美国货币政策对新兴市场国家非金融企业杠杆率变动的影响在不同国家间是否存在差异，本章进一步在实证分析中引入一国资本账户开放程度和汇率弹性，回归结果如表 5 - 4 所示。表 5 - 4（1）列和（2）列结果显示，影子利率与资本账户开放程度交互项（L. SSR * KAOPEN）前的系数显著为负，说明一国资本账户开放程度越高，美国货币政策对该国非金融企业杠杆率变动的影响程度越大。这一结论与 Eichengreen et al.（2015）的研究结论是一致的，即金融市场开放程度越高的新兴市场国家，其国内宏观经济状况受美国货币政策的影响会显著高于其他国家。而三变量交互项（L. SSR * KAOPEN * ERC）前的系数显著为正，这意味着在资本账户开放程度一定的情况下，汇率弹性越高

（实际汇率制度越倾向于浮动汇率制），越有助于缓解美国货币政策对国内非金融企业杠杆率变动的影响。该结论与 Aizenman et al.（2016）的研究结论是一致的，即一个同时追求汇率稳定和金融开放程度的新兴经济体，将更容易受到主要经济体货币政策的影响。为保证上述结论并不会随一国汇率弹性衡量方式的变化而变化，（3）列和（4）列采用"三元悖论"指数（Trilemma Indexes）中经调整后的汇率稳定指数（Exchange Rate Stability Index）作为一国汇率制度的代理变量。（5）列和（6）列则采用由本国货币与美元的名义双边汇率计算出的汇率波动率作为一国汇率弹性的代理变量。结果均显示，影子利率与资本账户开放程度交互项前的系数显著为负，影子利率、资本账户开放程度和汇率弹性三变量交互项前的系数显著为正，这表明本章上述结论并不会由于汇率弹性衡量方式的变化而变化。

表 5 - 4   美国货币政策、不同国家特征与企业杠杆率变动

变量	Δleverage					
	(1)	(2)	(3)	(4)	(5)	(6)
L. SSR	-0.254 ***		0.0521		-0.188 ***	
	(-3.47)		(1.01)		(-3.76)	
L. SSR * RZ	-0.0930 **	-0.0846 **	-0.0891 **	-0.0904 **	-0.0824 **	-0.0859 **
	(-2.37)	(-2.16)	(-2.26)	(-2.29)	(-2.11)	(-2.20)
L. SSR * FC	-0.00819 *	-0.00931 **	-0.0151 ***	-0.0149 ***	-0.00929 **	-0.0093 **
	(-1.83)	(-2.08)	(-3.29)	(-3.25)	(-2.08)	(-2.08)
L. SSR * KAOPEN	-0.215 ***	-0.0979 ***	-0.121 ***	-0.0509 *	-0.108 ***	-0.0581 **
	(-7.30)	(-2.91)	(-5.15)	(-1.70)	(-5.47)	(-2.55)
L. SSR * KAOPEN * ERC	0.0882 ***	0.0423 ***				
	(8.19)	(3.54)				
L. SSR * KAOPEN * ERSI			0.386 ***	0.193 ***		
			(7.63)	(2.83)		
L. SSR * KAOPEN * VOL					7.967 ***	5.069 ***
					(7.17)	(4.11)
L. Δsales	-0.0129 ***	-0.0138 ***	-0.0129 ***	-0.0140 ***	-0.0129 ***	-0.0138 ***
	(-9.46)	(-10.03)	(-8.88)	(-9.50)	(-9.40)	(-10.04)

续表

变量	Δleverage					
	（1）	（2）	（3）	（4）	（5）	（6）
L. ΔROA	− 0. 0418 ***	− 0. 0425 ***	− 0. 0435 ***	− 0. 0446 ***	− 0. 0423 ***	− 0. 0425 ***
	（ − 6. 05）	（ − 6. 16）	（ − 6. 04）	（ − 6. 19）	（ − 6. 12）	（ − 6. 15）
L. Δtang	0. 0354 ***	0. 0357 ***	0. 0349 ***	0. 0356 ***	0. 0363 ***	0. 0362 ***
	（6. 53）	（6. 58）	（6. 07）	（6. 21）	（6. 71）	（6. 68）
L. Δtax	0. 000918	0. 000895	0. 00145	0. 00140	0. 000877	0. 000874
	（1. 04）	（1. 02）	（1. 53）	（1. 48）	（1. 00）	（0. 99）
Indu _ lev	0. 176 ***	0. 171 ***	0. 177 ***	0. 170 ***	0. 179 ***	0. 173 ***
	（19. 05）	（18. 30）	（17. 47）	（16. 73）	（19. 44）	（18. 61）
GDP	− 0. 0623 ***	− 0. 0264	− 0. 0618 ***	− 0. 0164	− 0. 103 ***	− 0. 0312
	（ − 3. 64）	（ − 1. 24）	（ − 3. 27）	（ − 0. 73）	（ − 5. 72）	（ − 1. 45）
CPI	0. 0531 ***	0. 0179	0. 0767 ***	0. 0358 *	0. 0822 ***	0. 0635 ***
	（3. 25）	（0. 96）	（3. 94）	（1. 72）	（4. 91）	（3. 32）
Credit	− 0. 000861	0. 0148 ***	− 0. 0104 *	0. 0183 ***	− 0. 00130	0. 0139 ***
	（ − 0. 20）	（2. 94）	（ − 1. 94）	（3. 02）	（ − 0. 30）	（2. 76）
D _ MP	− 0. 0313 **	− 0. 0286 **	− 0. 0309 **	− 0. 0536 ***	− 0. 00979	− 0. 0351 ***
	（ − 2. 53）	（ − 2. 19）	（ − 2. 38）	（ − 3. 88）	（ − 0. 79）	（ − 2. 66）
FC	− 0. 0063 ***	− 0. 0063 ***	− 0. 0058 ***	− 0. 0058 ***	− 0. 0063 ***	− 0. 0063 ***
	（ − 20. 63）	（ − 20. 52）	（ − 17. 59）	（ − 17. 59）	（ − 20. 36）	（ − 20. 39）
KAOPEN	0. 00463 *	0. 00464 *	0. 0047 ***	0. 00262	0. 00161	− 0. 00106
	（1. 80）	（1. 80）	（2. 82）	（1. 50）	（1. 25）	（ − 0. 79）
ERC	− 0. 0062 ***	0. 00130				
	（ − 5. 50）	（1. 04）				
KAOPEN * ERC	− 0. 0024 ***	− 0. 00355 ***				
	（ − 2. 61）	（ − 3. 74）				
L. SSR * ERC	0. 106 ***	0. 133 ***				
	（4. 84）	（5. 86）				
ERSI			0. 00180	− 0. 00459		
			（0. 57）	（ − 1. 29）		

续表

变量	Δleverage					
	（1）	（2）	（3）	（4）	（5）	（6）
KAOPEN * ERSI			- 0. 0192 *** （- 6. 51）	- 0. 0168 *** （- 5. 41）		
L. SSR * ERSI			0. 135 *** （2. 69）	- 0. 000387 （- 0. 01）		
VOL					- 0. 359 *** （- 6. 08）	- 0. 137 ** （- 2. 14）
KAOPEN * VOL					- 0. 0643 （- 1. 38）	- 0. 0183 （- 0. 39）
L. SSR * VOL					15. 43 *** （10. 80）	11. 24 *** （6. 66）
常数项	- 0. 00735 （- 0. 93）	- 0. 0357 *** （- 4. 16）	- 0. 0249 *** （- 2. 99）	- 0. 0483 *** （- 5. 31）	- 0. 0180 ** （- 2. 37）	- 0. 0356 *** （- 4. 39）
聚类	企业	企业	企业	企业	企业	企业
个体效应	是	是	是	是	是	是
时间效应	否	是	否	是	否	是
观测值	100644	100644	100644	100644	100644	100644
R^2	0. 022	0. 025	0. 021	0. 024	0. 023	0. 025

注：括号内为 t 值，* 、** 、*** 分别表示在 10%、5%、1% 的显著性水平下显著。

为避免上述实证分析中可能会存在遗漏变量问题以及企业杠杆率和国家层面变量之间可能存在的内生性问题，本章进一步通过资本账户开放程度和汇率弹性对样本国家进行分组后，考察美国货币政策对非金融企业杠杆率变动的影响在不同新兴市场国家间的差异性[15]，回归结果如表5-5所示。表5-5（1）列和（2）列表明，美国货币政策对非金融企业杠杆率变动的影响不论是水平值还是显著性，在资本账户开放程度较高的国家均显著大于资本账户开放程度较低的国家；（3）列和（4）列结果

---

⑮ 为了保证分组所用指标的统一性，本章采用"三元悖论"指数中金融开放指数（kaopen）和汇率稳定指数（ERSI）来衡量一国资本账户开放程度和汇率弹性，并以上述变量在样本期间内的中位数进行分组。

表明，在给定资本账户开放程度的情况下，汇率弹性较低（实际汇率制度倾向于固定汇率制度）的国家内的企业杠杆率变动受美国货币政策的影响程度要显著高于汇率弹性较高（实际汇率制度倾向于浮动汇率制度）的国家。为进一步降低遗漏重要解释变量和国家层面变量与企业杠杆率之间可能存在的内生性对回归结果的影响，表5-5（5）列和（6）列在控制企业固定效应、时间固定效应、行业—时间虚拟变量的基础上进一步控制了国家—时间虚拟变量，主要结论仍保持不变。

表 5 - 5　不同国家中美国货币政策与企业杠杆率（分组检验）

变量	（1）低开放程度	（2）高开放程度	（3）高开放程度 高汇率波动	（4）高开放程度 低汇率波动	（5）高开放程度 高汇率波动	（6）高开放程度 低汇率波动
L. SSR * RZ	- 0. 166 *	- 0. 208 ***	- 0. 0384	- 0. 346 ***	- 0. 0246	- 0. 346 ***
	(- 1. 79)	(- 3. 06)	(- 0. 38)	(- 3. 78)	(- 0. 25)	(- 3. 79)
L. sales1	- 0. 0128 ***	- 0. 0155 ***	- 0. 0152 ***	- 0. 0167 ***	- 0. 0144 ***	- 0. 0168 ***
	(- 5. 23)	(- 8. 97)	(- 6. 01)	(- 7. 01)	(- 5. 71)	(- 7. 01)
L. ROA1	- 0. 0213 *	- 0. 0507 ***	- 0. 0557 ***	- 0. 0419 ***	- 0. 0559 ***	- 0. 0419 ***
	(- 1. 82)	(- 5. 72)	(- 4. 55)	(- 3. 22)	(- 4. 57)	(- 3. 22)
L. tang1	0. 0751 ***	0. 0539 ***	0. 0393 ***	0. 0707 ***	0. 0371 ***	0. 0707 ***
	(7. 85)	(8. 51)	(4. 70)	(7. 14)	(4. 42)	(7. 13)
L. etax1	0. 00146	0. 000420	0. 00136	- 0. 000214	0. 00153	- 0. 000229
	(1. 01)	(0. 37)	(0. 84)	(- 0. 14)	(0. 95)	(- 0. 15)
GDP	- 0. 0734 **	- 0. 127 ***	- 0. 192 ***	0. 0538		
	(- 2. 02)	(- 3. 29)	(- 3. 91)	(0. 57)		
CPI	- 0. 0352	0. 0943 ***	- 0. 0584	0. 135		
	(- 1. 25)	(3. 26)	(- 1. 09)	(1. 58)		
Credit	0. 0345 ***	0. 0223 ***	0. 0423 ***	- 0. 0259		
	(3. 53)	(- 2. 97)	(- 3. 74)	(- 0. 77)		
D _ MP	- 0. 000150	- 0. 140 ***	0. 0304	- 0. 152 ***		
	(- 0. 01)	(- 5. 22)	(0. 63)	(- 3. 09)		
常数项	- 0. 0196 **	0. 0252 ***	0. 0622 ***	0. 0146	- 0. 00248	0. 0115 ***
	(- 2. 27)	(2. 74)	(3. 87)	(0. 65)	(- 0. 60)	(6. 10)

续表

变量	（1）	（2）	（3）	（4）	（5）	（6）
	低开放程度	高开放程度	高开放程度 高汇率波动	高开放程度 低汇率波动	高开放程度 高汇率波动	高开放程度 低汇率波动
聚类	企业	企业	企业	企业	企业	企业
企业固定效应	是	是	是	是	是	是
时间固定效应	是	是	是	是	是	是
行业—时间固定效应	是	是	是	是	是	是
国家—时间固定效应	否	否	否	否	是	是
观测值	32504	68292	40050	28242	40169	28242
R^2	0.016	0.016	0.022	0.019	0.026	0.019

注：括号内为 t 值，*、**、*** 分别表示在 10%、5%、1% 的显著性水平下显著。

5.5 稳健性检验

为保证本章实证结果有更好的可比性和稳健性，本章将通过以下方式对基准回归结果进行稳健性检验：替换企业杠杆率的代理变量；替换美国货币政策的代理变量；采用系统 GMM 方法；加入全球 GDP 增速等影响企业杠杆率变动的全球因素；剔除在样本中占比较大的中国和印度上市企业数据以观察结果的稳健性。

1. 替换企业杠杆率的代理变量

在本节将采用企业杠杆率的另外两种衡量方法对基准回归结果进行稳健性检验，即总负债除以股东权益（lev1）、扣除现金之后的总负债除以总资产（lev2）。回归结果如表 5 – 6 所示，美国影子利率与行业外部融资依赖程度交互项（L. SSR * RZ）前的系数仍显著为负，这说明本章基础结论并不会随着企业杠杆率衡量方法的改变而发生变动，基准回归的结果是稳健的。

表 5 – 6 替换企业杠杆率定义后的回归结果

变量	Δlev1			Δlev2		
	（1）	（2）	（3）	（4）	（5）	（6）
L. SSR	− 0. 149 （− 0. 89）			− 0. 0582 *** （− 3. 92）		

续表

变量	Δlev1			Δlev2		
	（1）	（2）	（3）	（4）	（5）	（6）
L. SSR * RZ	− 1. 899 ***	− 1. 901 ***	− 3. 212 ***	− 0. 134 ***	− 0. 131 ***	− 0. 169 ***
	（ − 4. 48）	（ − 4. 49）	（ − 5. 10）	（ − 3. 51）	（ − 3. 43）	（ − 3. 29）
L. Δsales	− 0. 0615 ***	− 0. 0665 ***	− 0. 0646 ***	− 0. 0136 ***	− 0. 0145 ***	− 0. 0147 ***
	（ − 3. 55）	（ − 3. 81）	（ − 3. 67）	（ − 9. 95）	（ − 10. 57）	（ − 10. 57）
L. ΔROA	− 0. 257 ***	− 0. 271 ***	− 0. 273 ***	− 0. 0414 ***	− 0. 0428 ***	− 0. 0420 ***
	（ − 2. 84）	（ − 2. 98）	（ − 2. 99）	（ − 6. 04）	（ − 6. 24）	（ − 6. 09）
L. Δtang	0. 382 ***	0. 394 ***	0. 394 ***	0. 0599 ***	0. 0606 ***	0. 0572 ***
	（6. 18）	（6. 38）	（6. 33）	（11. 67）	（11. 80）	（11. 03）
L. Δtax	0. 0115	0. 0113	0. 00972	0. 000851	0. 000813	0. 000733
	（0. 80）	（0. 79）	（0. 68）	（0. 98）	（0. 94）	（0. 84）
Indu _ lev	0. 795 ***	0. 836 ***		0. 153 ***	0. 151 ***	
	（7. 94）	（8. 21）		（17. 00）	（16. 65）	
GDP	− 0. 557 **	− 0. 343		− 0. 0567 ***	− 0. 0353 *	
	（ − 2. 50）	（ − 1. 19）		（ − 3. 41）	（ − 1. 69）	
CPI	0. 746 ***	0. 520 **		0. 0354 **	0. 0352 **	
	（3. 94）	（2. 44）		（2. 34）	（2. 05）	
Credit	0. 0666	0. 0627		0. 00668	0. 0190 ***	
	（1. 42）	（1. 10）		（1. 55）	（3. 81）	
D _ MP	− 0. 0794	− 0. 125		− 0. 0312 ***	− 0. 0357 ***	
	（ − 0. 48）	（ − 0. 70）		（ − 2. 60）	（ − 2. 83）	
常数项	− 0. 432 ***	− 0. 413 ***	0. 0456 ***	− 0. 0783 ***	− 0. 0879 ***	0. 00318 ***
	（ − 5. 65）	（ − 4. 86）	（3. 55）	（ − 11. 63）	（ − 12. 09）	（3. 30）
聚类	企业	企业	企业	企业	企业	企业
个体效应	是	是	是	是	是	是
时间效应	否	是	是	否	是	是
行业—时间效应	否	否	是	否	否	是
国家—时间效应	否	否	是	否	否	是
观测值	100781	100781	100925	100055	100055	100199
R^2	0. 002	0. 003	0. 006	0. 012	0. 015	0. 022

注：括号内为 t 值，* 、** 、*** 分别表示在10% 、5% 、1% 的显著性水平下显著。

2. 采用联邦基金利率作为美国货币政策的代理变量

本节将通过替换美国货币政策代理变量对主要回归结果进行稳健性检验，如美国联邦基准利率（FFR）、一年期的美国国债收益率（Rate）以及联邦基金利率预期值（EFFR）。回归结果如表 5-7 所示，所有变量与行业外部融资依赖程度交互项前的系数均显著为负，这表明本章的主要回归结果在替换美国货币政策代理变量后仍然是稳健的。

表 5-7 　　　　　替代美国货币政策代理变量后的回归结果

变量	Δleverage		
	（1）	（2）	（3）
L. FFR * RZ	-0.00150 **		
	（-2.34）		
L. Rate * RZ		-0.00171 **	
		（-2.53）	
L. EFFR * RZ			-0.00156 **
			（-2.41）
L. Δsales	-0.0143 ***	-0.0143 ***	-0.0143 ***
	（-10.35）	（-10.35）	（-10.35）
L. ΔROA	-0.0431 ***	-0.0431 ***	-0.0431 ***
	（-6.23）	（-6.23）	（-6.23）
L. Δtang	0.0622 ***	0.0622 ***	0.0622 ***
	（11.99）	（11.99）	（11.99）
L. Δtax	0.000857	0.000857	0.000855
	（0.98）	（0.97）	（0.97）
Indu _ lev	0.155 ***	0.155 ***	0.155 ***
	（16.91）	（16.92）	（16.92）
GDP	-0.0369 *	-0.0368 *	-0.0374 *
	（-1.76）	（-1.75）	（-1.78）
CPI	0.0310 *	0.0309 *	0.0309 *
	（1.79）	（1.78）	（1.78）
Credit	0.0185 ***	0.0185 ***	0.0185 ***
	（3.70）	（3.70）	（3.69）

续表

变量	Δleverage		
	（1）	（2）	（3）
D _ MP	− 0. 0340 ***	− 0. 0339 ***	− 0. 0339 ***
	（ − 2. 66）	（ − 2. 66）	（ − 2. 65）
常数项	− 0. 0887 ***	− 0. 0887 ***	− 0. 0886 ***
	（ − 12. 12）	（ − 12. 13）	（ − 12. 12）
聚类	企业	企业	企业
个体效应	是	是	是
时间效应	是	是	是
观测值	100796	100796	100796
R^2	0. 015	0. 015	0. 015

注：括号内为 t 值，* 、** 、*** 分别表示在 10% 、5% 、1% 的显著性水平下显著。

3. 运用系统 GMM 方法对回归结果进行验证

对许多的新兴市场国家，特别是对那些市场竞争程度较低的国家或者企业垄断较为普遍的国家，它们企业的债务水平和规模仍然可能和国家层面的一些经济金融指标是相互内生的。因此，为缓解可能存在的内生性问题，本章进一步采用系统 GMM 方法对基准回归方程进行估计。本章主要结论仍保持不变，具体回归结果如表 5 - 8 所示。

表 5 - 8 美国货币政策与新兴市场国家企业杠杆率 （系统 GMM）

变量	lev	
	（1）	（2）
L. SSR * RZ	− 0. 0882 *	− 0. 152 **
	（ − 1. 84）	（ − 2. 47）
L. lev	0. 866 ***	0. 886 ***
	（47. 05）	（57. 27）
sales	0. 00152	0. 00530 *
	（0. 47）	（ 1. 72）
ROA	− 0. 249 **	− 0. 395 ***
	（ − 2. 02）	（ − 3. 26）

续表

变量	lev	
	（1）	（2）
tang	0.0152 **	0.00261
	（1.99）	（0.32）
etax	− 0.00680	0.00151
	（− 0.83）	（0.19）
Indu _ lev	0.382 **	
	（2.12）	
GDP	− 0.203 **	− 0.0197
	（− 2.24）	（− 1.05）
CPI	− 0.103	0.0641 *
	（− 1.24）	（1.74）
Credit	0.00878	− 0.0154 ***
	（0.74）	（− 8.01）
D _ MP	− 0.0475 ***	− 0.0680 ***
	（− 2.83）	（− 4.44）
常数项	− 0.117	0.0369 *
	（− 1.53）	（1.74）
AR（1）（P 值）	0.000	0.000
AR（2）（P 值）	0.945	0.973
Hansen test（P 值）	0.102	0.148
聚类	企业	企业
企业固定效应	否	否
时间固定效应	是	是
行业—时间效应	否	是
N	103169	103169

注：括号内为 t 值，∗ 、∗∗ 、∗∗∗ 分别表示在 10%、5%、1% 的显著性水平下显著。

4. 按照国家进行聚类标准误计算

考虑到本章数据涉及的 28 个国家均为新兴市场国家，每个国家之间可能会有较强的相关性，若不按照国家聚类标准误，容易导致解释变量系数的标准误被低估，t 值被高估。因此本章进一步按照国家聚类，对主要回归结果进行稳健性检验，结果如表 5－9 所示。结果显示，美国影子利率和行业外部融资依赖程度之间的交互项系数仍显著为负。

表 5－9　　　美国货币政策与新兴市场国家非金融企业
杠杆率变动（国家聚类）

变量	Δleverage			
	（1）	（2）	（3）	（4）
L. SSR	－ 0. 0723	－ 0. 0631		
	（－ 1. 64）	（－ 1. 54）		
L. SSR * RZ		－ 0. 103 **	－ 0. 0998 **	－ 0. 123 *
		（－ 2. 56）	（－ 2. 64）	（－ 1. 71）
L. Δsales	－ 0. 0134 ***	－ 0. 0134 ***	－ 0. 0143 ***	－ 0. 0144 ***
	（－ 7. 59）	（－ 7. 64）	（－ 12. 18）	（－ 12. 64）
L. ΔROA	－ 0. 0418 ***	－ 0. 0418 ***	－ 0. 0431 ***	－ 0. 0427 ***
	（－ 2. 89）	（－ 2. 89）	（－ 3. 10）	（－ 3. 14）
L. Δtang	0. 0615 ***	0. 0615 ***	0. 0621 ***	0. 0588 ***
	（7. 40）	（7. 36）	（6. 51）	（5. 25）
L. Δtax	0. 000928	0. 000894	0. 000850	0. 000760
	（1. 31）	（1. 27）	（1. 23）	（1. 02）
Indu _ lev	0. 156 ***	0. 156 ***	0. 155 ***	
	（11. 96）	（12. 35）	（11. 29）	
GDP	－ 0. 0565	－ 0. 0556	－ 0. 0364	
	（－ 1. 03）	（－ 1. 02）	（－ 0. 82）	
CPI	0. 0323	0. 0323	0. 0311	
	（0. 73）	（0. 72）	（0. 97）	
Credit	0. 00772	0. 00779	0. 0187	
	（1. 04）	（1. 05）	（1. 31）	
D _ MP	－ 0. 0322 *	－ 0. 0322	－ 0. 0341	
	（－ 1. 71）	（－ 1. 70）	（－ 1. 39）	
常数项	－ 0. 0809 ***	－ 0. 0811 ***	－ 0. 0846 ***	0. 0251
	（－ 5. 18）	（－ 5. 27）	（－ 6. 10）	（0. 01）
聚类	国家	国家	国家	国家
个体效应	是	是	是	是

续表

变量	Δleverage			
	（1）	（2）	（3）	（4）
时间效应	是	是	是	是
行业—时间效应	否	否	否	是
国家—时间效应	否	否	否	是
观测值	100803	100796	100796	100940
R^2	0.012	0.012	0.015	0.021

注：括号内为 t 值，*、**、*** 分别表示在 10%、5%、1% 的显著性水平下显著。

5. 控制全球宏观经济状况

全球经济变动、大宗商品价格等因素同样会对新兴市场国家非金融企业杠杆率变动造成影响，为了更好地区分美国货币政策变动与其他全球因素对新兴市场国家非金融企业杠杆率变动的影响，本章通过引入全球 GDP 增长率（WGDP）、大宗商品价格（OPI）⑯ 以及全球宏观经济政策不确定性指数（GPUI）来控制全球宏观经济环境对新兴市场非金融企业杠杆率变动的影响。回归结果如表 5-10 所示，在控制全球经济增长率（WGDP）、大宗商品价格（OPI）和全球宏观经济政策不确定性指数（GPUI）之后，美国货币政策对新兴市场国家非金融企业杠杆率变动的影响仍然是显著的，且与预期相一致。

表 5-10 　　　　　　　控制全球宏观经济条件后的回归结果

变量	Δleverage		
	（1）	（2）	（3）
L. SSR	- 0.0259 *	- 0.0163	- 0.0454 **
	（- 1.84）	（- 1.00）	（- 2.51）
L. SSR * RZ	- 0.00110 ***	- 0.00114 ***	- 0.00112 ***
	（- 3.02）	（- 3.14）	（- 3.07）
WGDP	0.00191 ***	0.00159 ***	0.00155 ***
	（7.40）	（5.86）	（5.71）

⑯　本章采用原油价格指数作为大宗商品价格指数的代理变量。

续表

变量	Δleverage		
	(1)	(2)	(3)
OPI		0.000111 ***	0.000141 ***
		(3.73)	(4.51)
GPUI			−0.0000548 ***
			(−3.13)
L. Δsales	−0.0131 ***	−0.0133 ***	−0.0133 ***
	(−9.28)	(−9.40)	(−9.41)
L. ΔROA	−0.0420 ***	−0.0422 ***	−0.0421 ***
	(−5.89)	(−5.92)	(−5.91)
L. Δtang	0.0604 ***	0.0604 ***	0.0600 ***
	(11.33)	(11.33)	(11.24)
L. Δtax	0.000729	0.000730	0.000738
	(0.81)	(0.82)	(0.82)
Indu _ lev	0.151 ***	0.149 ***	0.148 ***
	(16.12)	(15.90)	(15.79)
GDP	−0.00125 ***	−0.00115 ***	−0.00118 ***
	(−6.15)	(−5.66)	(−5.80)
CPI	0.0232	0.0169	0.0248
	(1.52)	(1.04)	(1.51)
Credit	0.000119 ***	0.000181 ***	0.000200 ***
	(2.73)	(3.88)	(4.25)
D _ MP	−0.000158	−0.000301 **	−0.000262 **
	(−1.36)	(−2.50)	(−2.17)
常数项	−0.0813 ***	−0.0942 ***	−0.0916 ***
	(−11.74)	(−12.28)	(−11.86)
聚类	企业	企业	企业
个体效应	是	是	是
观测值	100796	100796	100796
R^2	0.012	0.012	0.013

注：括号内为 t 值，*、**、*** 分别表示在 10%、5%、1% 的显著性水平下显著。

6. 剔除单个国家的影响

由样本分析可知，中国和印度的观测值占到样本总数的近 60%。为避免回归结果受占比很大的中国和印度样本企业数据影响而产生偏差，本章考虑在回归中剔除中国和印度企业样本数据，再次对实证结果的稳健性进行检验。回归结果如表 5 – 11 所示，美国影子利率与行业外部融赖程度交互项前的系数仍显著为负，表明美国货币政策的变动对不包括中国和印度在内的新兴市场国家非金融企业杠杆率变动仍然有显著影响。

表 5 – 11　　　　　　剔除中国和印度样本企业后的回归结果

变量	Δleverage			
	（1）	（2）	（3）	（4）
L. SSR	− 0. 0325	− 0. 0240		
	（− 1. 61）	（− 1. 16）		
L. SSR ∗ RZ		− 0. 112 *	− 0. 104 *	− 0. 167 **
		（− 1. 92）	（− 1. 79）	（− 2. 24）
L. Δsales	− 0. 0148 ***	− 0. 0148 ***	− 0. 0148 ***	− 0. 0148 ***
	（− 7. 50）	（− 7. 48）	（− 7. 45）	（− 7. 35）
L. ΔROA	− 0. 0159 *	− 0. 0159 *	− 0. 0179 *	− 0. 0169 *
	（− 1. 74）	（− 1. 74）	（− 1. 95）	（− 1. 81）
L. Δtang	0. 0757 ***	0. 0756 ***	0. 0765 ***	0. 0752 ***
	（9. 73）	（9. 71）	（9. 85）	（9. 56）
L. Δtax	0. 00145	0. 00140	0. 00128	0. 00109
	（1. 21）	（1. 16）	（1. 07）	（0. 91）
Indu＿lev	0. 179 ***	0. 179 ***	0. 176 ***	
	（16. 55）	（16. 49）	（16. 12）	
GDP	0. 0147	0. 0151	0. 00255	
	（0. 78）	（0. 81）	（0. 09）	
CPI	0. 0929 ***	0. 0937 ***	− 0. 00690	
	（4. 48）	（4. 51）	（− 0. 29）	
Credit	0. 00887 *	0. 00902 *	0. 00605	
	（1. 65）	（1. 67）	（1. 00）	

续表

变量	$\Delta leverage$			
	（1）	（2）	（3）	（4）
D_MP	- 0.0214	- 0.0213	- 0.00331	
	（- 1.54）	（- 1.54）	（- 0.22）	
常数项	- 0.0952 ***	- 0.0951 ***	- 0.0819 ***	0.00710 ***
	（- 13.09）	（- 13.08）	（- 10.32）	（4.90）
聚类	企业	企业	企业	企业
个体效应	是	是	是	是
时间效应	是	是	是	是
行业—时间效应	否	否	否	是
国家—时间效应	否	否	否	是
观测值	47858	47851	47851	47995
R^2	0.017	0.017	0.020	0.024

注：括号内为 t 值，* 、** 、*** 分别表示在 10%、5%、1%的显著性水平下显著。

另外，本章在选取样本国家时按照国际清算银行的划分标准将韩国列为新兴市场国家，但 IMF 及一些研究文献将韩国列为发达国家。为了避免这一划分对回归结果造成影响，本章将韩国企业数据剔除后重新进行了回归分析，主要结论保持不变。[17]

7. 安慰剂检验

本章以 2008 年为界，通过检验事件前后新兴市场非金融企业杠杆率变动是否存在显著差异，以研究美国货币政策对非金融企业杠杆率变动的影响。同时，本章还以 2007 年为界，进一步检验当美国未推出量化宽松货币政策时新兴市场国家非金融企业杠杆率在是否会出现显著上升。回归模型构造如下：

$$\Delta leverage_{i,s,c,t} = \alpha + \beta_1 Post + \gamma_1 Controls_{i,s,c,t} + \gamma_2 Macro_{c,t} + \mu_i + \vartheta_t + \varepsilon_{i,t}$$

其中，Post 表示货币政策调整事件的哑变量，事件后取值为 1，事件前取值为 0。其余变量定义与前文相同。回归系数 β_1 衡量了美国量化宽松货币

---

[17]　韩国企业的观测值个数占样本总观测值个数非常低，仅占不到2%。

政策的推出对新兴市场国家非金融企业杠杆率的影响。回归结果如表 5 – 12所示，以 2008 年为界的事件虚拟变量（Post _ 2008）的系数显著为正，表明美国量化宽松货币政策的推出的确推升了新兴市场国家非金融企业杠杆率。而以 2007 年为界设置的事件虚拟变量（Post _ 2007）的系数并不显著，这进一步说明危机后新兴市场国家非金融企业杠杆率的上升的确是受到美国量化货币政策的影响。

表 5 – 12 事件研究的回归结果

变量	Δleverage	
	（1）	（2）
Post _ 2008	0.00846 ***	
	（3.83）	
Post _ 2007		– 0.00244
		（ – 1.08）
L. Δsales	– 0.0143 ***	– 0.0143 ***
	（ – 10.36）	（ – 10.36）
L. ΔROA	– 0.0431 ***	– 0.0431 ***
	（ – 6.23）	（ – 6.23）
L. Δtang	0.0622 ***	0.0622 ***
	（11.99）	（11.99）
L. Δtax	0.000881	0.000881
	（1.00）	（1.00）
Indu _ lev	0.155 ***	0.155 ***
	（16.91）	（16.91）
GDP	– 0.0378 *	– 0.0378 *
	（ – 1.80）	（ – 1.80）
CPI	0.0176	0.0192
	（0.71）	（0.81）
Credit	0.0312 *	0.0312 *
	（1.80）	（1.80）
D _ MP	0.0186 ***	0.0186 ***
	（3.71）	（3.71）

续表

变量	Δleverage	
	（1）	（2）
常数项	− 0. 0972 ***	− 0. 0863 ***
	（− 13. 61）	（− 12. 18）
聚类	企业	企业
个体效应	是	是
时间效应	是	是
观测值	100803	100803
R²	0. 015	0. 015

注：括号内为 t 值，＊、＊＊、＊＊＊分别表示在 10%、5%、1% 的显著性水平下显著。

另外，本章以国际金融危机（2008 年）为界，考察危机前（2003—2008 年）和危机后（2009—2015 年）美国货币政策对新兴市场国家非金融企业杠杆率变动的影响是否存在差异，以说明美国货币政策是否为推升危机后新兴市场国家非金融企业杠杆率的主要因素。回归结果如表 5 − 13 所示，金融危机后，美国影子利率前的系数估计值相较于危机前有了较大幅度的提升，同时美国影子利率和行业外部融资依赖程度交互项（L. SSR * RZ）前的系数由不显著变为显著。反观模型中其他解释变量，其对杠杆率变动的影响程度均出现了大幅度的降低。这表明，金融危机后，美国货币政策已成为新兴市场国家非金融企业杠杆率变动的重要解释因素。

表 5 − 13　　美国货币政策与新兴市场国家非金融企业杠杆率

变量	Δleverage			
	金融危机前		金融危机后	
	（1）	（2）	（3）	（4）
L. SSR	− 0. 154 ***		− 0. 273 ***	
	（− 3. 52）		（− 11. 19）	
L. SSR * RZ	0. 0133	0. 00798	− 0. 145 **	− 0. 144 **
	（0. 11）	（0. 06）	（− 2. 10）	（− 2. 08）

货币政策与非金融企业杠杆率研究

续表

变量	Δleverage			
	金融危机前		金融危机后	
	（1）	（2）	（3）	（4）
L. Δsales	−0.0190 ***	−0.0188 ***	−0.0139 ***	−0.0146 ***
	（−6.74）	（−6.65）	（−8.46）	（−8.74）
L. ΔROA	−0.00107	−0.00128	−0.0339 ***	−0.0345 ***
	（−0.08）	（−0.10）	（−4.04）	（−4.11）
L. Δtang	0.0778 ***	0.0772 ***	0.0479 ***	0.0498 ***
	（7.18）	（7.13）	（7.67）	（7.95）
L. Δtax	0.00284	0.00281	−0.000141	−0.000135
	（1.50）	（1.48）	（−0.14）	（−0.13）
Indu _ lev	0.239 ***	0.233 ***	0.176 ***	0.183 ***
	（10.07）	（9.70）	（13.52）	（13.99）
GDP	−0.144 ***	0.0345	−0.0705 ***	−0.0590 **
	（−3.54）	（0.56）	（−3.30）	（−2.37）
CPI	0.101 **	0.0354	0.000972	0.0312
	（2.45）	（0.82）	（0.05）	（1.32）
Credit	0.0532 ***	0.0676 ***	0.0328 ***	0.0149 *
	（4.62）	（5.62）	（4.94）	（1.78）
D _ MP	−0.0842 ***	−0.0715 ***	−0.0110	−0.0231
	（−3.92）	（−3.29）	（−0.68）	（−1.35）
常数项	−0.144 ***	−0.160 ***	−0.119 ***	−0.0983 ***
	（−8.88）	（−9.53）	（−11.53）	（−8.67）
聚类	企业	企业	企业	企业
个体效应	是	是	是	是
时间效应	是	是	是	是
观测值	31018	31018	69778	69778
R^2	0.018	0.019	0.013	0.014

注：括号内为 t 值，* 、** 、*** 分别表示在 10% 、5% 、1% 的显著性水平下显著。

118

5.6　进一步研究

美国货币政策对非金融企业杠杆率在不同国家间影响的差异性，除基准回归中所采用的资本账户开放程度和汇率制度选择外，本章还进一步从金融发展程度的角度对该影响在不同国家间的差异性进行了分析。回归方程构造如下：

$$\Delta leverage_{i,s,c,t} = \alpha + \beta_1 SSR_{t-1} + \beta_2 SSR_{t-1} \times RZ_{s,t} + \beta_3 SSR_{t-1} \times FD_{c,t} +$$

$$\gamma_1 FD_{c,t} + \delta_1 Macro_{c,t} + \delta_2 \Delta Controls_{i,s,c,t-1} +$$

$$\delta_3 Indus_{s,c,t} + \mu_i + \vartheta_t + \varepsilon_{i,s,c,t}$$

其中，$FD_{c,t}$为一国金融发展程度指数，其余变量与前文相同。回归结果如表 5-14 所示，影子利率与金融发展程度指标交互项（L. SSR * FD）前的系数显著为正，表明一国金融发展程度越高其国内非金融企业杠杆率受美国货币政策的影响越小。出现这一结果的原因在一定程度上可能在于，金融发展程度较高的新兴市场国家，其汇率制度多倾向于浮动汇率制，且国内企业可能面临的融资约束要小于其他新兴市场国家的企业，企业在国内获得的融资机会也就越多，美国货币政策的利率影响渠道和融资约束影响渠道的效应会更小，因此其国内非金融企业杠杆率受美国货币政策调整的影响也就越小。

表 5-14　　　　不同金融发展程度下的回归结果

变量	Δleverage		
	(1)	(2)	(3)
L. SSR	-0.134***		
	(-5.32)		
L. SSR * RZ	-0.122***	-0.124***	-0.171***
	(-3.08)	(-3.14)	(-3.23)
FD	-0.0737***	-0.00523	
	(-5.80)	(-0.34)	
L. SSR * FD	0.271***	0.219*	2.313**
	(5.67)	(1.79)	(2.11)

续表

变量	Δleverage		
	（1）	（2）	（3）
L. Δsales	− 0. 0132 ***	− 0. 0142 ***	− 0. 0144 ***
	（− 9. 08）	（− 9. 68）	（− 9. 66）
L. ΔROA	− 0. 0444 ***	− 0. 0457 ***	− 0. 0454 ***
	（− 6. 15）	（− 6. 32）	（− 6. 25）
L. Δtang	0. 0589 ***	0. 0598 ***	0. 0562 ***
	（10. 79）	（10. 97）	（10. 20）
L. Δtax	0. 00139	0. 00134	0. 00124
	（1. 47）	（1. 41）	（1. 31）
Indu _ lev	0. 148 ***	0. 151 ***	
	（14. 74）	（14. 97）	
GDP	− 0. 0616 ***	− 0. 0311	
	（− 3. 41）	（− 1. 37）	
CPI	0. 0681 ***	0. 0353 *	
	（3. 92）	（1. 86）	
Credit	0. 0339 ***	0. 0338 ***	
	（5. 26）	（5. 08）	
D _ MP	− 0. 0279 **	− 0. 0490 ***	
	（− 2. 16）	（− 3. 63）	
常数项	− 0. 0634 ***	− 0. 0935 ***	0. 0265 ***
	（− 7. 70）	（− 10. 17）	（2. 86）
Cluster	企业	企业	企业
个体效应	是	是	是
时间效应	否	是	是
行业—时间效应	否	否	是
国家—时间效应	否	否	是
观测值	89300	89300	89387
R^2	0. 013	0. 016	0. 022

注：括号内为 t 值，* 、** 、*** 分别表示在 10% 、5% 、1% 的显著性水平下显著。

另外，本章还进一步考察了美国货币政策对非金融企业杠杆率的影响在位于不同地域的新兴市场国家间的差异性。本章按照 IMF 对世界各国区域的划分标准，将样本企业所在国家地域划分为欧洲、亚洲、拉丁美洲和非洲四个地域，并设置相应虚拟变量。通过在基准回归方程中引入美国影子利率与相应区域虚拟变量之间的交互项对上述问题进行分析，回归结果如表 5 - 15 所示。回归结果显示，影子利率与亚洲地域虚拟变量（L. SSR * Asia）前的系数显著为负，这意味着美国货币政策对亚洲地区新兴市场国家非金融企业杠杆率变动的影响要显著高于其他地域。出现这一结果的主要原因在于，平均来看，欧洲和拉丁美洲范围内的新兴市场国家其汇率制度弹性和金融发展程度要高于亚洲地区的新兴市场国家，根据前文的结论，这二者均会降低美国货币政策对非金融企业杠杆率变动的影响。然而，这一结论也有一定的局限性。本章只考虑了美国货币政策对新兴市场非金融企业杠杆率变动的影响，而对于欧洲范围内的新兴市场国家而言，欧洲央行货币政策的调整显然是不能忽略的影响因素。另外，由于样本内非洲地域新兴市场国家太少，我们也并不能够根据回归结果简单否认美国货币政策对非洲地域内的新兴市场国家非金融企业杠杆率影响的存在。

表 5 - 15　　美国货币政策与不同区域新兴市场国家非金融企业杠杆率变动

变量	Δleverage			
	（1）	（2）	（3）	（4）
L. SSR * RZ	- 0. 124 *** (- 3. 20)	- 0. 116 *** (- 2. 99)	- 0. 118 *** (- 3. 03)	- 0. 124 *** (- 3. 20)
L. SSR * Europe	0. 187 *** (3. 65)			
L. SSR * Asia		- 0. 182 *** (- 5. 42)		
L. SSR * Latin			0. 226 *** (4. 61)	
L. SSR * Africa				- 0. 0140 (- 0. 20)
L. Δsales	- 0. 0143 *** (- 10. 34)	- 0. 0143 *** (- 10. 36)	- 0. 0143 *** (- 10. 36)	- 0. 0143 *** (- 10. 34)
L. ΔROA	- 0. 0430 *** (- 6. 22)	- 0. 0430 *** (- 6. 21)	- 0. 0431 *** (- 6. 22)	- 0. 0431 *** (- 6. 23)

121

变量	Δleverage			
	（1）	（2）	（3）	（4）
L. Δtang	0.0621 ***	0.0621 ***	0.0622 ***	0.0621 ***
	（11.98）	（11.98）	（12.00）	（11.99）
L. Δtax	0.000852	0.000852	0.000858	0.000850
	（0.97）	（0.97）	（0.98）	（0.97）
Indu_lev	0.159 ***	0.162 ***	0.159 ***	0.155 ***
	（17.25）	（17.45）	（17.23）	（16.94）
GDP	−0.0350 *	−0.0382 *	−0.0369 *	−0.0360 *
	（−1.67）	（−1.82）	（−1.76）	（−1.71）
CPI	0.0260	0.0288 *	0.0367 **	0.0313 *
	（1.49）	（1.66）	（2.11）	（1.80）
Credit	0.0201 ***	0.0186 ***	0.0193 ***	0.0188 ***
	（4.00）	（3.72）	（3.85）	（3.72）
D_MP	−0.0327 **	−0.0370 ***	−0.0395 ***	−0.0341 ***
	（−2.56）	（−2.90）	（−3.09）	（−2.67）
常数项	−0.0920 ***	−0.0946 ***	−0.0917 ***	−0.0894 ***
	（−12.49）	（−12.76）	（−12.46）	（−12.11）
聚类	企业	企业	企业	企业
个体效应	是	是	是	是
时间效应	否	否	否	否
观测值	100796	100796	100796	100796
R^2	0.015	0.016	0.015	0.015

注：括号内为 t 值，* 、** 、*** 分别表示在10%、5%、1%的显著性水平下显著。

5.7 本章小结

2008 年国际金融危机之后，为刺激国内经济走出衰退，美国开始采用非常规货币政策来刺激国内经济增长，此举不仅使其政策利率抵达零利率下限，也促使全球金融环境变得异常宽松，新兴市场国家面临大规模资本流入。与此同时，新兴市场国家非金融企业杠杆率在同一时期迅速攀升。基于这一现象,本章针对新兴市场国家非金融企业杠杆率变动与美国货币政策之间的关系展开了研究。

本章在得出上述结论的同时,也通过不同的模型设定对美国货币政策调整影响新兴市场国家非金融企业杠杆率变动的两条主要渠道进行了验证,回归结果支持了利率渠道和融资约束渠道的存在,表明美国货币政策调整可以通过影响新兴市场国家国内利率以及放松或缩紧企业融资约束来影响该国非金融企业杠杆率的变动。

实证结果表明,美国货币政策与新兴市场国家非金融企业杠杆率变动之间的确存在一种稳健的关系。美国货币政策可以通过影响新兴市场国家国内利率和企业融资约束来影响该国非金融企业杠杆率的变动。平均来看,美国货币政策扩张会促使新兴市场国家非金融企业杠杆率更大幅度地增长,美国货币政策紧缩会抑制新兴市场国家非金融企业杠杆率的增加幅度。

具体来说:首先,具有较高融资约束的企业,其杠杆率受美国货币政策的影响要显著高于其他企业。其次,具有较高行业外部融资依赖程度的企业,其杠杆率变动受美国货币政策的影响要显著高于其他企业。再次,新兴市场国家非金融企业杠杆率变动对于美国货币政策的反应会随一国资本账户开放程度和汇率制度的不同而表现出显著差异。资本账户开放程度较高但汇率制度倾向于固定汇率制,或者说汇率制度弹性越僵化的新兴市场国家,其国内非金融企业杠杆率变动越容易受美国货币政策的影响。不过,一国较高的金融发展程度有助于缓解美国货币政策对本国非金融企业杠杆率变动带来的冲击。最后,从世界范围内看,亚洲地区的新兴市场国家,其国内非金融企业杠杆率变动受美国货币政策影响的程度平均要显著高于世界其他地区。

本章的研究结论也为我国非金融企业降杠杆提供了一些重要启示。就我国而言,随着人民币国际化、资本账户开放和人民币汇率制度改革的不断推进,中国与全球金融市场的联系越来越紧密。特别是 2015 年底美联储宣布危机后首次加息以来,美国联邦基金利率和影子利率逐渐步入正值范围,预示着美国货币政策已开始进入紧缩期。因此,我国监管层在今后努力抑制非金融企业杠杆率过快增长的同时，也应该准备好应对美国货币政策进入紧缩期给我国非金融企业所带来的潜在冲击，避免国内外冲击叠加造成非金融企业过快去杠杆带来的风险。

第六章 金融结构与
非金融企业去杠杆

6.1 引言

2015 年 12 月中央经济工作会议提出"三去一降一补"后，去杠杆成为供给侧结构性改革的五大任务之一。国务院总理李克强在 2017 年政府工作报告中提出："要在控制总杠杆率的前提下，把降低企业杠杆率作为重中之重。"国内众多学者也纷纷对中国高杠杆的现状进行了较为充分的探讨，发现中国高杠杆问题主要集中于非金融企业，而企业部门杠杆率存在明显的结构性问题。高杠杆问题则主要集中于大型国有企业、传统行业特别是产能过剩行业和低盈利能力的"僵尸企业"（钟宁桦等，2016；谭小芬和尹碧娇，2016；谭语嫣等，2017）。2018 年 4 月中央财经委员会议提出：未来要以结构性去杠杆为基本思路，尽快把地方政府和企业特别是国有企业的杠杆降下来。去杠杆的目标、原则和路径日益清晰。随着供给侧结构性改革的深入推进和经济转型升级步伐加快，2017 年企业部门杠杆率比 2016 年小幅下降 1.40 个百分点，2011 年以来首次出现净下降。[①] 企业去杠杆初见成效，开始进入稳杠杆阶段。然而企业部门杠杆率在 2018 年前两个季度又重新出现了明显反弹，BIS 数据显示，中国非金融企业部门杠杆率由 2017 年第四季度的 146.9% 上升至 2018 年第二季度的 155.1%。因此，要彻底改观中国非金融企业部门高杠杆现象绝非朝夕之功。

---

① 中国人民银行货币政策分析小组.2018 年第二季度中国货币政策执行报告［M］.北京：中国金融出版社，2018.

货币政策作为总量政策本身便很难解决我国非金融企业杠杆率存在的结构性问题。不论货币政策如何调整，均需要通过诸如资产价格渠道、信贷渠道等传导渠道对实体经济产生影响，而典型的银行主导型金融结构使信贷渠道成为我国货币政策传导的主要渠道。在中国社会融资规模中，银行贷款占据主导地位，然后是企业债券，而股权类融资规模相比前两项可以说微不足道。② 在我国特有的经济体制下，这种高度依赖银行信贷的间接融资方式通过限制货币政策传导渠道进一步增加货币政策助推我国非金融企业部门实现结构化去杠杆的难度。因为银行主导型金融体系更有助于传统的、安全性高的行业实现外部融资，市场主导型金融体系则更有助于创新型行业实现外部融资，而上述两类行业中传统行业正是中国非金融企业高杠杆的重灾区。金融市场化程度的提升有助于拓宽非金融企业的融资渠道，特别是股权融资。一般而言，企业外部融资方式主要有两种：股权融资和债权融资。通过股权融资所获得的资金将作为企业权益资金进入企业资产负债表，有助于企业降低杠杆率；通过银行信贷等债权融资获得的资金将作为债务进入企业资产负债表，如果企业运用资金的效率不够高，将会导致企业杠杆率的上升。典型的银行主导型金融体系被认为是中国企业杠杆率偏高的重要结构性因素（姚洋和范保军，2016）。2017 年政府工作报告也指出"我国非金融企业杠杆率较高，这与储蓄率高、以信贷为主的融资结构有关"。据此，2018 年中国国家发展和改革委员会等五部门联合下发《关于印发〈2018 年降低企业杠杆率工作要点〉的通知》（发改财金〔2018〕1135 号），文件进一步明确提出"深入推进市场化、法治化债转股"和"积极发展股权融资"。国内众多学者也纷纷建议发展多层次资本市场，提高直接融资所占比重，优化企业融资结构（陈卫东等，2017；纪洋等，2018）。同时，我国资本

---

② 根据 2018 年第二季度中国人民银行发布的《货币政策执行报告》，2018 年 6 月末社会融资规模存量183.3 万亿元，股票融资仅 6.9 万亿元，占比仅为 3.8%；2018 年上半年社会融资规模增量为 90972 亿元，股票融资仅为 2511 亿元，占比仅为 2.8%。另外，Wind 数据显示，2015—2017 年资本市场股权融资家数分别为 1042 家、1052 家和 985 家，融资规模分别为 1.39 万亿元、1.87 万亿元和 1.51 万亿元；而各类债券发行数量分别为 15493 只、28225 只和 37307 只，各类债券融资规模分别为 23.17 万亿元、36.36 万亿元和 40.80 万亿元。

市场不断发展以及金融结构市场化程度的增加，将有助于改善货币政策主要通过信贷渠道传递至实体经济的机制，提升如利率渠道、资产价格渠道等其他传导渠道在货币政策传递过程中的作用。另外，非金融企业在国内外部融资渠道的丰富还有助于缓解国内企业对海外融资的需求。

那么，金融结构市场化程度的增加是否有助于化解我国非金融企业杠杆率存在的结构性问题？金融结构市场化程度的增加，国内企业外部融资渠道的不断丰富，能否增强国内货币政策对企业杠杆率的影响以及缓解发达国家货币政策国际传导的影响？图6-1显示，各国（地区）金融结构与企业杠杆率之间总体上呈现出负相关关系，即金融结构指数较高国家的企业杠杆率平均而言低于金融结构指数较低的国家。但同时这里还应该注意以下特征事实：第一，金融结构与企业杠杆率之间的负相关关系在不同金融发展程度组别中存在明显差异，二者的负相关关系在高金融发展程度组别中表现得更为明显。第二，二者之间的负相关关系在各样本国家（地区）之间并不严格一一对应，如美国金融结构指数是全部样本国家中最高的，但企业杠杆率却并不是最低的；具有同样金融结构指数的国家，其企业杠杆率也会存在差异。尽管如此，由图6-1 Panel A部分还可以看到，七国集团（G7）中的意大利、日本、德国、法国通常被认为是银行主导型金融体系，其企业杠杆率均显著高于被认为是市场主导型金融体系的美国、英国和加拿大。

上述特征事实表明，总体来看金融结构与企业杠杆率之间确实存在负相关关系，但这并不意味着金融结构指数较高国家（地区）的企业杠杆率必然会低于其他国家（地区），这一负相关关系很可能还会受到其他因素的影响。图6-1只是对金融结构与企业杠杆率之间关系的一个直观描述。大力发展直接融资，提高金融结构市场化程度，是否有助于降低企业的杠杆率，以及这种作用是否会随其他因素而发生变化，需要进行更为严格的论证。为更好地回答上述问题，本章利用全球上市企业分析库中47个国家（地区）2000—2015年的上市企业数据，从微观层面分析一国金融结构与非金融企业杠杆率之间的内在联系，以及二者关系是否会随企业特征、行业特征和国家特征（宏观环境）的不同而表现出异质性。

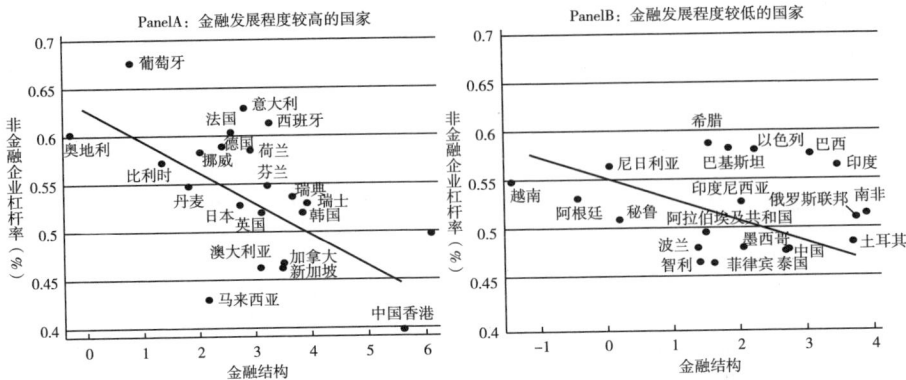

注：企业杠杆率、金融结构和金融发展程度均为样本期间内的平均值。各国（地区）企业杠杆率为国内企业杠杆率（总负债/总资产）的平均值。各国金融结构指数借鉴 Levine（2002）的思路计算得出，主要描述一国股票市场在规模、效率和活跃度上相比银行业的发展程度，具体计算方式参见下文。金融发展程度则采用 IMF 公布的金融发展程度指数，若一国金融发展程度在样本期间内的均值高于所有国家的中位数，则将该国家划入金融发展程度较高的国家。③

图 6 - 1　金融结构与非金融企业杠杆率

资料来源：全球上市企业分析库、GFDD 数据库、IMF、作者计算、作者绘制。

相较于以往的研究文献，本章的边际贡献主要有以下三点：首先，以往文献在衡量金融结构时大多采用虚拟变量来区分一国金融结构，这导致样本国家的金融结构在样本期间内是固定不变的，但一国金融结构会随着时间变动（Rajan and Zingales，2003）。基于此，本章采用 Levine（2002）提出的金融结构测量方法，计算了各国时变的金融结构综合指数。其次，本章在证实金融结构市场化程度与企业杠杆率之间存在显著负相关关系后，还分析了金融结构市场化程度对企业长期杠杆率和短期

---

③　该指标体系共包括 1 个一级指标、2 个二级指标、6 个三级指标，本章选取一级指标（FD）用以衡量一国金融市场相对金融机构的发展程度。该指标体系构建首先分别测算了一国金融机构和金融市场在深度、可获得性和效率上的发展程度，其中金融机构包括银行、保险公司、共同基金和养老基金；金融市场包括股票和债券市场。在指标方面，深度是指金融市场的规模和流动性；可获得性是指个人和企业能够获得金融服务的可能性；效率是指金融机构以低成本和可持续收入提供金融服务的能力，以及资本市场的活动水平。之后将三级指标分别区分金融机构和金融市场，按照特定计算方式加总后得到 2 个二级指标，用以描述金融机构和金融市场的发展程度。最后，通过特定计算方式得出最终指标，用以衡量金融发展程度。具体指标计算方式和构造，可参阅 Svirydzenka（2016）。

杠杆率的影响差异，并进一步考察金融结构对企业杠杆率的负向影响在不同国家特征、不同行业特征和不同企业特征下的异质性表现。最后，在深化供给侧结构性改革的过程中，企业去杠杆的重点是国有企业，其中重要的政策选项之一就是大力发展股权融资和多层次资本市场，提高直接融资比重，优化社会融资结构。本章发现中国非金融企业杠杆率较高与金融结构有关，为中国国有企业去杠杆政策选项提供了经验证据支持。

本章余下部分内容安排如下：第二部分为文献综述与研究假设，第三部分为数据描述和模型设计，第四部分为实证分析和稳健性检验，第五部分为本章小结。

6.2　文献综述与研究假设

企业杠杆率是由与企业特征以及运营环境相关联的各种因素共同决定的，当前研究一般将这些因素归纳为三大类，即企业特征因素、行业特征因素和国家特征因素（Frank and Goyal，2009）。近年来，国家特征因素乃至全球因素对企业杠杆率的影响重新被各界所关注。金融结构作为国家特征因素之一，会直接影响到该国国有企业部门可用资金的来源，因此会对企业融资决策造成显著影响。但到目前为止集中考察金融结构对企业杠杆率影响的文献仍相对较少。Rajan 和 Zingales（1995）通过对比 G7 国家间企业杠杆率的差异，发现金融体系为银行主导型国家中的企业杠杆率要显著高于市场主导型国家，各国金融结构的差异是导致企业杠杆率存在跨国差异的原因之一。Jong et al.（2008）基于 42 个国家的微观企业数据发现，一国金融结构对企业杠杆率有显著负向影响，即金融结构市场化程度越强，企业杠杆率越低；而 Kayo 和 Kimura（2011）运用40 个国家企业面板数据进行研究则发现，一国金融结构类型对企业杠杆率的影响并不显著。通过对已有文献的梳理可以看到，当前对金融结构与企业杠杆率之间是否存在显著关系仍存在一定争议。不过，大多数得出金融结构与企业杠杆率之间并无显著关系的文献往往都存在以下特点：其一，在衡量一国金融结构时往往采用简单 0 - 1 虚拟变量的形式对国家进行划分，这导致了各国金融结构类型均是提前给定的，并不随时间变动，从而忽略了金融结构自身变动对企业杠杆率的影响；其二，样本国家大都选取五国集团（G5）或者七国集团（G7），而这些国家不论是经济金融发展程度还是制度环境等国家特征均已相对成熟和完善，融资约束和金融抑制程度较低，其国内企业杠杆率已趋近于目标杠杆率或最优杠杆率水平。这可能是导致此类文献得出金融结构与企业杠杆率之间并无显著关系这一结论的原因。

根据优序融资理论，企业融资可分为内源融资和外源融资，其中外源融资又可分为股权融资和债权融资。一国金融结构会直接影响到该国国有企业部门外部融资来源。一般而言，银行主导型的金融体系会使企业长期以来通过银行体系配置金融资源，由于资本市场相对不够发达，在企业资产负债表中权益资产比例相对较低，最终表现为企业杠杆率偏高。反之，处于市场主导型金融体系中的企业，其杠杆率会相对较低。[4]股权融资和债权融资在企业运行过程中一般不能够完全相互替代，因此，即使在已经存在发达银行业的经济体中，股票市场发展对企业融资方式的选择也发挥着重要作用（Demirguc – Kunt and Maksimovic，1995）。Pagano（1993）指出，股票市场的发展为企业家所持有的股票提供了流动性，为他们投资组合的分散化提供了更多机会，降低了分散化成本，这有助于企业使用更多的股权融资。除了最主要的融资功能外，股票市场同时还具有收集和传递上市企业前景信息的功能，投资者可以通过考察此类信息来决定是否对该企业进行投资（Grossman and Stiglitz，1980）。因而，股票市场发展程度越高，越有助于缓解企业和投资者间的信息不对称问题，降低投资者风险和成本，从而有助于企业股权融资的增加。综上所述，金融结构市场化程度的增加会通过上述影响机制促进企业股权融资规模的增加，最终表现为企业杠杆率降低。但同时，股票市场所

---

④　由于各国债券市场数据可得性问题，本书在此考虑的资本市场发展主要是指股票市场的发展。Levine（2002）所给出的金融结构指数计算方式中关于金融市场发展程度也仅考虑了股票市场发展。本书在稳健性检验部分也进一步考虑了债券市场发展的影响，所得结论并未发生显著变动。

具有的信息披露功能，也会降低企业获取长期信贷的成本和贷款人向企业提供长期信贷的风险，从而提升企业从贷款人获得长期信贷的能力。基于此，本章提出假设1。

假设1：在其他条件不变的情况下，一国金融结构市场化程度的增强在促使国内非金融企业杠杆率下降的同时会增加企业债务期限。

Levine（2002）认为即便某一发展中国家和某一发达国家的金融结构指数极为相近甚至前者高于后者，也不能简单认为二者金融结构市场化程度是相近的。此时应进一步考虑金融发展程度的影响，因为前者金融结构指数之所以较高并不是因为其股票市场发展程度高，而是由于其国内银行业发展程度较低。因此，本章在考察一国金融结构对企业杠杆率的影响时，参照 Levine（2002）的做法，进一步考虑金融发展程度对二者内在关系的影响。除金融发展程度外，一国的制度环境，如法律执行力度、腐败控制等也会对企业在股权融资和债权融资之间的选择造成显著影响（Fan et al.，2010）。这主要是由于企业内部人（管理者或者主要股东）和外部投资者之间的利益冲突可以在一定程度上通过签订合约进行抵消，但究竟选择签订股权融资合约还是债权融资约束以更好地抵消这一冲突，则依赖于该企业所处的制度环境（法律体系、法律执行力度和法律内容）。Porta et al.（1998）的研究表明，处于英美法系国家中的企业相比处于大陆法系国家中的企业使用更多的股权融资和长期信贷。主要原因就在于在债权人和股东权利保护上，英美法系的国家相比大陆法系的国家为企业外部投资者提供了更好的保护。另外，一国较高的储蓄率可以为银行部门提供更多的信贷资金来源，也可以支撑更高的投资率，投资驱动的经济增长模式和间接融资为主的融资模式是中国高杠杆的直接原因（纪敏等，2017）。基于此，本章提出假设2。

假设2：在其他条件不变的情况下，金融结构对企业杠杆率的影响会随着一国储蓄率、经济增长模式、金融发展程度和制度环境的不同而发生变化。

不同类型的金融结构在对传统行业和创新型行业提供资金时，其比较优势是不同的（Rajan and Zingales，2003）。银行主导型金融体系更有助于传统的、安全性高的行业实现外部融资，而市场主导型金融体系则更有助于创新型行业实现外部融资。因此，金融结构市场化程度的增强对企业杠杆率的影响可能在不同行业间存在差异。首先，传统行业多以固定资产密集型企业为主，这些企业技术稳定，投资者容易得到真实信息并达成共识，一家金融中介机构核实企业信息是有效的。同时，由于贷款有充足的实物抵押品作支撑，保证了其流动性，也进一步使银行更倾向于向此类行业贷款（Rajan and Zingales，2003）。但在科技创新行业中，生产技术处于突变中，实物抵押资产比例较低，投资者无法有效地获取真实信息。众多投资者对企业信息的多重核实是必要的，因此资本市场优于金融中介机构（徐忠，2018）。其次，银行和股票市场对筹资人的监督管理特征不同，也会导致它们对不同行业的融资倾向存在差异。投资者为保护自身利益会对筹资人实施一定的监督，但债权人只能按照合同规定对该笔资金的用途进行监督，无权参与企业的生产经营、管理和收益分配。从这个意义上说，银行更倾向于向传统的、安全性高的行业提供融资，因为该行业在生产经营、管理模式等方面相对更为成熟和稳定。而股权融资则相反，资本市场汇集了不同投资者的不同意见，并提供了可能对企业管理者有用的信息。因此，资本市场在为创新和风险较高的行业提供融资方面具有优势。最后，银行和资本市场对筹资人自律要求和索取权特征上的不同，也会导致它们对不同行业的融资倾向存在显著差异。其一，由于银行提供的往往是关系型融资，这使企业在面临财务困境时可与银行针对贷款项目进行协商，导致银行利益受损。因此，银行更倾向于对那些投资项目失败概率更低的传统行业进行融资（Binh et al.，2006）。相反，资本市场通常会对企业施加更强的纪律约束，这使资本市场更倾向于为创新型行业提供融资，因为依赖资本市场融资的这些企业有强烈的动机自我筛选合适的投资项目（Huang and Xu，1999）。其二，由于贷款人对企业享有的是固定索取权，并不分享企业的升值潜力，因而银行主要关注的是企业破产风险的最小化，而不是企业价值最大化（Macey and Miller，1997）。而股权则代表了有限责任的剩余索取权，股票市场的主要收益是最大限度地发挥企业增长潜力。正因为如此，银行部门更倾向于对传统的资本密集型行业进行融资，而资本市场则更倾向于对创新型行业进行融资（Allen et al.，2018）。基于此，本章提出假设3。

假设3：金融结构对企业杠杆率的影响在不同行业间具有差异性，金融结构市场化程度的增加对创新型行业杠杆率的影响要显著大于其他行业。

过度负债会导致企业破产概率上升，这会促使企业所有者或管理者更倾向于实施投机行为去损害债权人、消费者和供应商的权益。如高杠杆企业会倾向投资那些预期净现值为负的高风险项目，从而会损害债权人的利益（Jensen and Meckling，1976）。Myers（1977）的研究表明，如果公司价值增长的成果将被债权人获得，那么高风险成长性企业可能会放弃盈利项目。过度负债企业的上述特点，使其更难获得外部融资。因此，从优化企业杠杆率的角度来说，拥有过高债务的企业，即杠杆率过高的企业，在股票市场发展时股权融资需求将更加强烈。同时，不同企业特征因素，如企业规模、盈利能力等，也会影响企业融资能力进而对企业融资决策造成显著影响。另外，公司股权结构对企业杠杆率也存在显著影响。其一，随着外部大股东持股比例的增加，其在公司经济利益、投资份额、投票权和影响也会随之增加，这会使大股东有更强的动机去监督和约束管理者，而以债务合约作为一种治理机制较其他直接干预手段的成本低，因此股东偏好使用债务作为控制代理成本的机制。比如，Brailsford et al.（2002）的研究表明外部大股东持股比例与杠杆比率之间存在正相关关系。其二，具有良好政企关系的企业更容易或者以更低利率获得银行贷款，从而存在政治关联的企业的负债率更高。基于此，本章提出假设4。

假设4：金融结构对企业杠杆率的负向影响在高杠杆企业中表现得更为显著，同时二者之间的关系还会随企业股权结构、规模和盈利水平的不同而发生变化。

6.3　数据来源和计量模型设计

6.3.1　数据来源

为了考察金融结构对企业杠杆率的影响以及该影响在不同条件下的

异质性，本章既需要金融结构的衡量指标，也需要不同国家（地区）企业的财务数据。为此，本章通过整合全球金融发展数据库（GFDD）和全球上市企业分析库（Osiris 数据库），最终得到 37473 家企业的数据，数据频率为年度，共 331009 个观测值。各国家企业数量和企业观测值占样本总量比例如表 6-1 所示。

表 6-1　　　　各国家（地区）企业数量和企业观测值占比

国家（地区）代码	国家（地区）名称	观测值数量	观测值占比（%）	企业数量（家）
USA	美国	65775	19.87	7099
JPN	日本	43309	13.08	3745
CHN	中国	33323	10.07	3647
IND	印度	22033	6.66	2112
GBR	英国	16441	4.97	1867
KOR	韩国	14940	4.51	1621
CAN	加拿大	12510	3.78	1449
MYS	马来西亚	11537	3.49	946
FRA	法国	9366	2.83	906
AUS	澳大利亚	9079	2.74	981
DEU	德国	8373	2.53	808
SGP	新加坡	7619	2.30	707
THA	泰国	7006	2.12	582
ISR	以色列	4377	1.32	440
SWE	瑞典	4248	1.28	444
VNM	越南	4093	1.24	507
IDN	印度尼西亚	3745	1.13	370
BRA	巴西	3376	1.02	353
ZAF	南非	3253	0.98	326
ITA	意大利	2980	0.90	284
CHE	瑞士	2821	0.85	248
PAK	巴基斯坦	2760	0.83	263
RUS	俄罗斯联邦	2691	0.81	358
HKG	中国香港特别行政区	2458	0.74	187
GRC	希腊	2432	0.73	231

续表

国家（地区）代码	国家（地区）名称	观测值数量	观测值占比（%）	企业数量（家）
TUR	土耳其	2372	0.72	246
NLD	荷兰	2183	0.66	237
EGY	阿拉伯埃及共和国	2086	0.63	236
NOR	挪威	1986	0.60	220
POL	波兰	1969	0.59	275
CHL	智利	1912	0.58	171
PHL	菲律宾	1850	0.56	160
FIN	芬兰	1835	0.55	151
ESP	西班牙	1815	0.55	173
BEL	比利时	1670	0.50	148
MEX	墨西哥	1656	0.50	147
DNK	丹麦	1627	0.49	159
SAU	沙特阿拉伯	1230	0.37	113
AUT	奥地利	1100	0.33	104
IRL	爱尔兰	927	0.28	93
JOR	约旦	887	0.27	76
NGA	尼日利亚	775	0.23	76
ARG	阿根廷	728	0.22	66
PRT	葡萄牙	641	0.19	61
PER	秘鲁	570	0.17	68
HRV	克罗地亚	432	0.13	70
ROU	罗马尼亚	213	0.06	47
总计		331009	100	33578

资料来源：全球上市企业分析库、作者整理。

6.3.2　主要变量定义和计算

1. 上市企业财务数据

本章选取 47 个发达国家和新兴市场国家 2000—2015 年上市企业数据作为企业财务数据原始样本，所有企业数据均来自全球上市企业分析库

（Osiris 数据库）。⑤ 对原始数据做以下处理：第一，剔除金融行业以及杠杆率为负值的观测值；第二，只保留有至少连续 4 年观测值的企业；第三，为剔除异常值对回归结果的影响，本章对企业层面变量做上下 1% 的缩尾处理。

2. 金融结构的度量

参照 Levine（2002）金融结构指标的构造思路和方法，本章把金融结构市场化程度的上升定义为股票市场相对于银行部门的较快发展，并参照其提供的计算方法计算出 47 个样本国家金融结构的度量指标。所用数据全部来源于世界银行的全球金融发展数据库（GFDD）。Levine（2002）分别从股票市场和银行的相对规模、活跃度和效率三个维度对一国金融结构类型进行了衡量，并采用上述三个维度指标的第一主成分作为一国金融结构的综合指标。具体各子指标构造方式如下。

（1）金融结构规模指标

金融结构规模指标是对一国股票市场规模相对银行业规模大小的一种度量。其中，股票市场规模用股票市场市值除以 GDP 衡量；银行业规模则用银行信贷比例衡量，即银行给私人部门的信贷余额占 GDP 的比重。这一做法可以排除公共部门提供的信贷余额，如中央和地方政府等。金融结构规模指标等于股票市场规模与银行业规模之比的对数值。该指标数值越大，表明一国金融结构市场化程度越高。

（2）金融结构活跃度指标

金融结构活跃度指标是对一国股票市场相对银行活跃度大小的一种度量。其中，股票市场的活跃度用股票市场总交易额占 GDP 的比例进行衡量，该指标可以很好地度量市场交易相对经济活动的流动性。银行业活跃度则与银行业规模的衡量方式相同，即用银行信贷比例衡量。金融结构活跃度指标等于股票市场活跃度与银行业活跃度之比的对数值，该指标越大，表明一国金融结构市场化程度越高。

---

⑤ 本章在全球上市企业分析库中选择上市企业数量在 40 家以上的国家。

（3）金融结构效率指标

金融结构效率指标是对一国股票市场相对银行效率高低的一种度量。其中，股票市场效率与股票市场活跃度采用相同的衡量方式，即采用股票市场总交易额占 GDP 的比例进行衡量。而银行部门效率则用净息差衡量。该指标值越大，表明银行体系对储蓄投资转化过程收取的"租金"越高，银行部门的效率越低。金融结构的效率指标等于股票市场总交易额占 GDP 的比例乘以银行净息差，该指标越高，表明一国金融结构市场化程度越高。

根据 Levine（2002）的观点，金融结构指数则是从以上三个维度对一国金融结构的综合度量，由规模指标、活跃度指标和效率指标的第一主成分构成。该指标数值越大，表明一国金融结构市场化程度越高。本章在后续研究中将采用该综合指数作为一国金融结构的代理变量，同时为了保证本章结论的稳健性，本章也分别采用三个子指标作为金融结构的代理变量进行回归以确保结论的稳健性。

3. 行业研发强度的度量

银行更倾向于向传统的低风险行业提供资金，而资本市场则倾向于向创新型行业提供资金。一国金融结构市场化程度的增强对不同行业可用外部资金来源的影响是存在差异的。为了更好地考察金融结构对企业杠杆率的影响在不同行业间的差异，本章引入行业研发强度指数，对某一行业的研发性支出进行衡量。行业研发强度指数越高的行业，被认为越倾向于是创新型行业，从而考察金融结构对企业杠杆率的影响在不同行业间存在的异质性。

本章借鉴 Rajan 和 Zingales（1998）的思路和 Binh et al.（2006）的方法，采用美国上市企业数据构造各行业的研发强度指数。采用美国上市企业数据对行业研发强度进行测算的原因在于，美国拥有最发达的金融市场及完善的法治与制度环境，企业面临的外部融资困难最小（Rajan and Zingales，1998）。美国行业的特征反映的仅仅是某个行业纯粹的技术特征，基于美国国有企业构建的行业研发强度指数受到其他非技术因素（如金融市场的摩擦、制度的不完善）的影响最小。本章在采用美国上市企业数据计算行业研发强度时采用全球行业分类标准（GSIC）中的三级指标来划分行业，在剔除金融业后共得到 56 个行业的行业研发强度。具体构造步骤如下：（1）计算每家美国上市企业 2000—2016 年的研发强度，并取样本期间的平均值，作为该企业的研发强度（$RD_{i,s}$）。单个企业研发强度采用研发费用支出与销售收入之比进行衡量；（2）取某一具体行业中所有企业研发强度的中位数作为该行业的研发强度，形成行业研发强度变量（RD_s）；（3）按照样本企业的三级行业分类代码，将由美国上市企业数据计算得到的行业研发强度赋值给样本企业。

本章各主要变量的基本统计描述如表 6-2 所示。

表 6-2　　　　　　　　　主要变量定义与描述性统计

变量	定义	观测值	均值	标准差	最小值	最大值
lev	企业杠杆率 = 总负债/总资产	331009	0.539	0.264	0.064	1.652
slev	短期杠杆率 = 流动负债/总资产	330878	0.324	0.203	0.026	1.088
llev	长期杠杆率 = 非流动负债/总资产	330878	0.211	0.202	0	0.938
debtqx	债务期限 = 非流动负债/总负债	330878	0.362	0.266	0	0.942
size	企业规模 = 总资产对数	331009	7.389	2.940	1.407	14.910
roa	资产收益率 = EBIT/总资产	331009	0.037	0.155	−0.823	0.364
tang	固定资产占比 = 固定资产/总资产	331009	0.500	0.237	0.031	0.971
growth	企业成长性 = 企业销售额增速	330460	−0.002	0.006	−0.043	0.004
taxrate	实际税率 = 所得税费用/EBIT	325947	0.182	0.439	−2.075	2.222
GDP	GDP 实际增速	331009	0.035	0.034	−0.109	0.255
CPI	通货膨胀率（年）	331009	0.028	0.030	−0.037	0.549
IQ	制度质量（世界治理指数）	331009	0.784	0.813	−1.265	1.970
FD	金融发展程度	331007	0.709	0.188	−0.101	1
M2G	广义货币增速	330895	0.088	0.069	−0.214	1.2
finstr	金融结构	331009	3.535	1.833	−8.048	7.565
budget	财政赤字占 GDP 比例	330837	−0.029	0.036	−0.321	0.298
save	储蓄率	331009	0.26	0.112	0.052	0.528
GDPstr	投资对经济增长贡献率	331009	0.243	0.079	0.055	0.454

注：制度质量采用世界银行公布的世界治理指数中包含的六个维度，即由公众话语权与政府问责、政治稳定与社会暴力、政府效率、管制质量、法制程度及腐败控制的第一主成分构成。金融结构和金融发展指数在计算过程中涉及取对数，因此会出现负值。企业成长性为经通货膨胀调整后的企业销售额实际增速。

资料来源：全球上市企业分析库、全球金融发展数据库、世界银行数据库、IMF、作者计算。

6.3.3　计量模型设定

与以往研究企业杠杆率决定因素的文献相一致（Rajan and Zingales，1995；Frank and Goyal，2009；Graham et al.，2015），基准模型构造如下：

$$
Y_{i,s,c,t} = \alpha_0 + \beta_1\,finstr_{c,t-1} + \delta_1\,macro_{c,t} + \delta_2\,industry_{s,c,t} + \\
\delta_3\,firm_{i,s,c,t-1} + \mu_i + \vartheta_t + \xi_{i,s,c,t} \tag{1}
$$

其中，下标 i,s,c,t 分别表示企业、行业、国家和时间。$Y_{i,s,c,t}$ 为被解释变量，包括企业杠杆率（$lev_{i,s,c,t}$）、长期杠杆率（$llev_{i,s,c,t}$）、短期杠杆率（$slev_{i,s,c,t}$）和债务期限结构（$debtqx_{i,s,c,t}$）。$finstr_{c,t-1}$ 表示第 c 个国家在第 $t-1$ 年的金融结构，采用金融结构综合指数进行衡量。为避免可能存在的内生性问题，本章对其进行滞后一期处理。$finstr_{c,t-1}$ 取值越大，表示一国金融结构市场化程度越高，即一国金融市场发展程度相对银行业发展程度越高。$macro_{c,t}$、$industry_{s,t}$ 和 $firm_{i,c,t-1}$ 分别为国家宏观层面、行业层面以及企业层面各控制变量的总称。$firm_{i,c,t-1}$ 中具体包含企业规模、固定资产占比、企业成长性、盈利能力和实际税率。同样，为尽量减轻内生性问题，本章将企业层面变量全部滞后一期；$industry_{s,t}$ 则采用行业—时间虚拟变量进行控制。$macro_{c,t}$ 中具体包含 GDP 实际增速、通货膨胀率、广义货币增速、政府赤字、储蓄率、投资对经济增长的贡献率、金融发展程度和制度环境。μ_i 为企业固定效应，θ_t 为时间固定效应。

上述模型关注的是金融结构对非金融企业杠杆率的直接影响，并没有考虑到这种影响在不同国家、不同行业和不同企业间所表现出的异质性。因此，本章在模型（1）的基础上，参考 Rajan 和 Zingales（1998）的方法构造如下模型：

$$
lev_{i,s,c,t} = \alpha_0 + \beta_1\,finstr_{c,t-1} + \beta_2\,(finstr_{c,t-1} \times External_{i,s,c,t}) + \beta_3\,External_{i,s,c,t} + \\
\delta_1\,macro_{c,t} + \delta_2\,industry_{s,c,t} + \delta_3\,firm_{i,s,c,t-1} + \mu_i + \vartheta_t + \xi_{i,s,c,t}
$$

其中，$External_{i,s,c,t}$ 是指描述不同国家特征、不同行业特征和不同企业特征的一系列变量。交互项 $finstr_{c,t-1} \times External_{i,s,c,t}$ 用来衡量金融结构对非金融企业杠杆率的影响在不同国家、不同行业特征和不同企业间的异质性。其余变量定义与前文相同。

6.4　实证结果

6.4.1　基准回归结果

本章首先运用基准回归方程对金融结构与企业杠杆率之间的内在关系进行检验，回归结果如表 6－3 所示。表 6－3（1）列是在未加入任何控制变量的情况下金融结构与非金融类企业杠杆率的回归结果，结果显示金融结构指数与企业杠杆率之间表现出显著的负相关关系，即金融结构指数每增加 1 单位会使企业杠杆率下降约 0.65 个百分点。由已有研究可知，企业杠杆率会受到一系列企业因素、行业因素以及宏观因素的影响，因此为确保金融结构与企业杠杆率之间上述负相关关系的结论是可信的，本章在表 6－3 的（2）列至（4）列依次加入了企业、行业和国家层面的控制变量。从（2）列至（4）列的回归结果可以看到，虽然金融结构指数对企业杠杆率的影响程度在加入控制变量后有所降低，但其仍然在 1% 的显著性水平下显著。（4）列为控制其他企业因素、行业因素和国家因素后的回归结果，结果表明在加入控制变量后，金融结构前的系数估计值下降为 0.0044，即金融结构每增加 1 个单位会使企业杠杆率平均下降 0.44 个百分点，金融结构变量前的系数在 1% 的显著性水平下显著。从经济意义上讲，样本内金融结构的标准差为 1.83，企业杠杆率的标准差为 0.26，这意味着金融结构每增加一个单位标准差会使企业杠杆率平均下降约 0.81%，占到企业杠杆率标准差的 3.12%。而企业规模的这一影响程度也仅大约为 9.84%。金融结构对企业杠杆率的影响程度显然是不容忽视的。

进一步地，本章考虑了金融结构与企业杠杆率之间的关系在不同期限的杠杆率之间是否表现出异质性。（5）列和（6）列分别给出了金融结构与企业短期和长期杠杆率之间的关系。结果表明，金融结构指数每增加 1 个单位会使样本企业短期杠杆率平均下降 0.74%，但却会使企业长期杠杆率平均上升 0.30%。这意味着，尽管金融结构对企业杠杆率的影响在整体上呈现出显著的负相关关系，但金融结构对企业不同期限杠杆率的影响存在显著差异。同时，（7）列的结果表明，金融结构与企业债务期限之间呈现出显著的正相关关系，即金融结构指数每增加 1 个单位会导致企业债务期限增加 0.71%。综合来看，金融结构指数的增加不仅有助于降低企业杠杆率的整体水平，同时还有助于企业优化债务期限结构，降低企业短期债务融资占比，从而有利于降低企业债务风险。

表 6 - 3 　　　　　　　　　金融结构与企业杠杆率

变量	(1) lev	(2) lev	(3) lev	(4) lev	(5) slev	(6) llev	(7) debtqx
l. finstr	−0.0065 *** (−9.8900)	−0.0049 *** (−7.8600)	−0.0045 *** (−7.2100)	−0.0044 *** (−7.1000)	−0.0074 *** (−14.9100)	0.0030 *** (6.6700)	0.0071 *** (12.2300)
l. size		0.0095 *** (6.0100)	0.0089 *** (5.5001)	0.0087 *** (5.3900)	−0.0056 *** (−4.9400)	0.0162 *** (15.0300)	0.0269 *** (21.3500)
l. roa		−0.2980 *** (−43.4300)	−0.2990 *** (−43.4800)	−0.3020 *** (−43.9700)	−0.1910 *** (−41.2900)	−0.0845 *** (−19.9500)	0.0055 (1.2500)
l. tang		0.0742 *** (11.0300)	0.0732 *** (10.8800)	0.0692 *** (10.2400)	−0.0723 *** (−14.7500)	0.1410 *** (31.1300)	0.2230 *** (40.3300)
l. growth		−0.0017 *** (−2.9200)	−0.0015 *** (−2.6100)	−0.0012 ** (−2.0000)	−0.0015 *** (−3.3000)	0.0010 (2.6000)	0.0018 *** (3.5300)
l. taxrate		−0.0064 *** (−8.2800)	−0.0064 *** (−8.2800)	−0.0062 *** (−8.0800)	−0.0027 *** (−4.4800)	−0.0032 *** (−5.6900)	−0.0013 * (−1.7700)
save			0.2460 *** (9.0100)	0.2380 *** (8.6700)	−0.0355 (−1.6400)	0.2740 *** (14.8200)	0.3520 *** (13.6000)
GDP			0.0650 *** (2.8100)	0.0628 *** (2.7000)	−0.0358 * (−1.9600)	0.0966 *** (5.8900)	0.1580 *** (7.1700)
GDPstr			−0.0258 (−0.86)	−0.0125 (−0.42)	0.0129 (0.56)	−0.0193 (−0.96)	−0.0608 ** (−2.33)
CPI			0.0068 (0.2500)	0.0184 (0.6800)	0.1870 *** (9.5400)	−0.1600 *** (−7.8500)	−0.2660 *** (−11.1200)
M2G			0.0191 ** (2.2700)	0.0171 ** (2.0200)	−0.0213 *** (−3.2900)	0.0434 *** (7.1100)	0.0734 *** (8.9900)

变量	(1) lev	(2) lev	(3) lev	(4) lev	(5) slev	(6) llev	(7) debtqx
budget			− 0. 0608 ** (− 2. 0800)	− 0. 0444 (− 1. 5200)	0. 3250 *** (14. 0900)	− 0. 3720 *** (− 17. 0100)	− 0. 5930 *** (− 20. 4900)
FD			0. 0081 (0. 5600)	0. 0184 (1. 2800)	− 0. 0687 *** (− 6. 1600)	0. 0920 *** (9. 1000)	0. 1290 *** (9. 8800)
IQ			− 0. 0841 *** (− 11. 0900)	− 0. 0813 *** (− 10. 7000)	− 0. 0808 *** (− 14. 0600)	0. 0024 (0. 4500)	0. 0395 *** (6. 0900)
常数项	0. 5530 *** (223. 0000)	0. 4450 *** (34. 3700)	0. 4490 *** (23. 3800)	0. 4430 *** (23. 1000)	0. 5570 *** (38. 7100)	− 0. 1420 *** (− 11. 0800)	− 0. 2040 *** (− 12. 8700)
聚类	企业	企业	企业	企业	企业	企业	企业
个体效应	是	是	是	是	是	是	是
年份效应	是	是	是	是	是	是	是
行业—时间效应	否	否	否	是	是	是	是
观测值	295414	291243	291140	291140	291090	291090	291113
R^2	0. 0020	0. 0550	0. 0580	0. 0620	0. 0490	0. 0490	0. 0570

注: 括号内为 t 值; *** 、 ** 、 * 分别表示双尾检验中 1% 、5% 、10% 的显著性水平。

6.4.2 国家特征、金融结构与企业杠杆率

由图 6 - 1 可知,尽管平均来看,金融结构市场化程度越高的国家或地区企业杠杆率越低,但金融结构市场化程度与企业杠杆率的关系在样本国家内并不是严格一一对应的,即具有较高金融结构市场化程度的国家或地区,其国内企业杠杆率并不一定低于其他国家。这意味着,金融结构对企业杠杆率的影响也许会因为国家特征的不同而不同。由于各国金融发展程度不同,即便不同国家金融结构指数相同或者相近,也很难说金融结构市场化程度的增加对企业杠杆率的影响在这些国家是无差异的。同样,不同国家储蓄率和经济增长模式的不同也会对企业杠杆率造成显著影响,这也被认为是导致中国当前非金融企业杠杆率过高的重要结构性原因之一(纪敏等,2017)。另外,一国制度环境的不同也会对投资人对短期债务融资、长期债务融资和股权融资之间的选择产生显著影

响（Wei and Zhou，2018）。因此，本章将进一步考察一国金融发展程度、储蓄率、经济增长模式以及制度环境四个方面对金融结构与企业杠杆率之间的关系的影响。为对上述问题进行检验，本章分别构造金融结构指数与一国金融发展程度、储蓄率、经济增长模式、制度环境的交互项。其中，本章采用金融发展程度指数（$FD_{c,t}$）对一国金融发展程度进行衡量，该指数越高表示一国金融发展程度越高，数据来源于国际货币基金组织。本章采用固定资产投资对实际 GDP 增速贡献度（$Invcon_{c,t}$）和总固定资产投资占 GDP 比例（$GDPstr_{c,t}$）对一国经济增长模式进行衡量，变量取值越大，表示一国经济增长模式越倾向于是投资主导型。储蓄率则采用一国公共部门和私人部门储蓄与名义 GDP 比值来衡量。

　　表 6 - 4（1）列显示金融结构（$l.finstr_{c,t}$）以及金融结构和金融发展程度交互项（$l.finstr_{c,t} * FD_{c,t}$）前的系数均显著为负。这意味着，金融结构与企业杠杆率的关系显著依赖一国金融发展程度，一国金融发展程度的增加会显著增强金融结构对企业杠杆率的负向影响。在其他条件不变的情况下，金融发展程度每增加 1 个单位会使金融结构指数对企业杠杆率的影响多增加 0.28 个百分点。（2）列结果显示，金融结构和储蓄率交互项（$l.finstr_{c,t} * save_{c,t}$）前的系数显著为正，说明金融结构对企业杠杆率的负向影响会随储蓄率的升高而减弱。（3）列是采用固定资产投资占 GDP 增加值比重作为经济增长模式代理变量的回归结果，可以看到金融结构和经济增长模式交互项（$l.finstr_{c,t} * GDPstr_{c,t}$）前的系数显著为正，这意味着一国投资导向型经济增长模式的确会弱化金融结构与企业杠杆率之间的负相关关系，即金融结构对企业杠杆率的负向影响在那些经济增长以投资为主导的国家会较弱。（4）列则是采用固定资产对实际 GDP 增速的贡献率作为经济增长模式代理变量的回归结果，同样地，金融结构和经济增长模式交互项（$l.finstr_{c,t} * Invcon_{c,t}$）前的系数显著为正。[6] 上述实证结果意味着，一国较低的金融发展程度、较高的储蓄率和依赖投

---

　　[6]　固定资产投资占 GDP 的比例和固定资产投资对实际 GDP 增速贡献率的数据均来源于 EIU 各国宏观数据。其中，前者为当前总固定资产投资占 GDP 增加值的比例，后者为固定资产投资变动额占前一期 GDP 增加值的比例。

资的经济增长模式会抑制金融结构市场化程度，增强对企业杠杆率的负向影响。（5）列则考察了金融结构对企业杠杆率的影响是否会依赖制度环境的不同而不同，本章采用世界银行全球治理指数对一国制度环境进行衡量。由（5）列结果可以看到，金融结构与制度环境交互项前的系数并不显著。考虑到不同制度方面的改善和提升也许会对企业债权融资和股权融资造成不同的影响，从而使其对企业杠杆率的总效应出现了抵消，上述交互项并不显著。为此，本章进一步对制度环境（IQ）进行细分，以考察制度环境对金融结构与企业杠杆率之间关系的影响。

表6-4　　　　　　国家特征、金融结构与非金融企业杠杆率

变量	（1） lev	（2） lev	（3） lev	（4） lev	（5） lev
l. finstr	−0.0035 *** （−5.9800）	−0.0071 *** （−4.5300）	−0.0087 *** （−4.8900）	−0.0064 *** （−9.0300）	−0.0045 *** （−7.1300）
l. finstr * FD	−0.0028 ** （−2.5300）				
l. finstr * save		0.0096 ** （2.0300）			
l. finstr * GDPstr			0.0175 *** （2.7400）		
l. finstr * Invcon				0.0970 *** （6.6800）	
Invcon				−0.2350 *** （−3.7200）	
l. finstr * IQ					0.0006 （0.9500）
l. size	0.0088 *** （5.4200）	0.0088 *** （5.4300）	0.0088 *** （5.4400）	0.0090 *** （5.5400）	0.0087 *** （5.3700）
l. roa	−0.3020 *** （−43.9600）	−0.3030 *** （−43.9800）	−0.3030 *** （−43.9800）	−0.3030 *** （−44.0600）	−0.3020 *** （−43.9700）
l. tang	0.0691 *** （10.2100）	0.0693 *** （10.2400）	0.0692 *** （10.2200）	0.0687 *** （10.1600）	0.0694 *** （10.2600）

续表

变量	（1） lev	（2） lev	（3） lev	（4） lev	（5） lev
l. growth	− 0. 0012 * （ − 1. 9500）	− 0. 0012 ** （ − 1. 9800）	− 0. 0012 ** （ − 1. 9600）	− 0. 0012 ** （ − 1. 9900）	− 0. 0012 ** （ − 2. 0300）
l. taxrate	− 0. 0062 *** （ − 8. 0700）	− 0. 0062 *** （ − 8. 0600）	− 0. 0062 *** （ − 8. 0700）	− 0. 0061 *** （ − 8. 0200）	− 0. 0062 *** （ − 8. 0800）
save	0. 2380 *** （8. 6700）	0. 2020 *** （6. 4000）	0. 2250 *** （8. 1900）	0. 2100 *** （7. 6800）	0. 2400 *** （8. 7800）
GDP	0. 0648 *** （2. 7900）	0. 0703 *** （3. 0700）	0. 0707 *** （3. 0800）	0. 0435 * （1. 7100）	0. 0636 *** （2. 7300）
GDPstr	− 0. 0221 （ − 0. 74）	− 0. 0204 （ − 0. 67）	− 0. 0758 ** （ − 2. 01）	− 0. 0400 （ − 1. 22）	− 0. 0101 （ − 0. 33）
CPI	0. 0194 （0. 7100）	0. 0197 （0. 7200）	0. 0187 （0. 6900）	0. 00713 （0. 2500）	0. 0189 （0. 7000）
M2G	0. 0171 ** （2. 0200）	0. 0166 * （1. 9600）	0. 0169 ** （1. 9900）	0. 0145 * （1. 6600）	0. 0170 ** （2. 0100）
budget	− 0. 0391 （ − 1. 3300）	− 0. 0513 * （ − 1. 7600）	− 0. 0471 （ − 1. 6200）	− 0. 0304 （ − 1. 0400）	− 0. 0512 * （ − 1. 7100）
FD	0. 0309 ** （2. 0400）	0. 0196 （1. 3600）	0. 0207 （1. 4200）	0. 0253 * （1. 7400）	0. 0183 （1. 2700）
IQ	− 0. 0790 *** （ − 10. 1700）	− 0. 0800 *** （ − 10. 5700）	− 0. 0813 *** （ − 10. 7100）	− 0. 0760 *** （ − 10. 0200）	− 0. 0836 *** （ − 10. 4500）
常数项	0. 4390 *** （22. 7800）	0. 4520 *** （23. 3900）	0. 4600 *** （23. 6600）	0. 4530 *** （23. 7100）	0. 4410 *** （23. 1000）
聚类	企业	企业	企业	企业	企业
个体效应	是	是	是	是	是
年份效应	是	是	是	是	是
行业—时间效应	是	是	是	是	是
观测值	291151	291151	291151	291151	291151
R^2	0. 0610	0. 0610	0. 0610	0. 0620	0. 0610

注：括号内为 t 值；***、**、* 分别表示双尾检验中 1%、5%、10% 的显著性水平。

　　本章进一步选取全球治理指数中监管质量、法律规范、腐败控制和政府效率四个子指标以及来源于世界银行数据库中的企业信息披露指数对上述问题进行进一步考察，回归结果如表 6 - 5 所示。[⑦] 其中，监管质量（$rqe_{c,t}$）描述的是一国政府制定和实施促进私营部门发展的政策和法规的能力。该指标数值越高表示一国政府监管质量越好，即该国制定有利于私营部门发展的政策和法规的可信度和可持续性越好。表 6 - 5（1）列显示金融结构指数与监管质量交互项（$l.finstr_{c,t} * rqe_{c,t}$）前的系数显著为负，意味着金融结构对企业杠杆率的负向影响在政府监管质量较高的国家中表现得更为显著，即一国政府监管质量的提升使企业在金融结构市场化程度增加时更倾向于进行股权融资。这主要是由于较高的监管质量表明该国政策和法规有助于私营部门的长期发展，从而促使企业家投入更多的资本金（股权），企业也更容易获得股权融资。法律规范（$rle_{c,t}$）描述的是一国代理人对社会规则的信任程度，特别是合同执行、财产权，该变量数值越高，表示一国法律规范越好。（2）列显示金融结构与法律规范交互项（$l.finstr_{c,t} * rle_{c,t}$）前的系数显著为正，意味着一国法律规范越好，金融结构指数增加对企业杠杆率的负向影响越小。主要原因可能是较好的法律规范意味着债权人可以得到更好的保护，会促进企业的债务融资。腐败管制（$cce_{c,t}$）描述了一国对各种腐败形式的控制力度，指数越大表示腐败控制越好。（3）列显示金融结构与腐败管制交互项前的系数显著为正，意味着一国腐败控制越好，金融结构市场化程度对企业杠杆率的负向影响越小。出现这一结果的原因主要在于，较高的腐败管制力度有利于降低债权人维权的成本，从而提升了杠杆率。（4）列表明金融结构与政府效率交互项（$l.finstr_{c,t} * gee_{c,t}$）前的系数并不显著，表明政府效率对金融结构与企业杠杆率之间关系的影响并不明确。（5）给出了企业信息披露程度对金融结构与企业杠杆率二者关系的影响。

---

　　⑦　对企业信息披露程度而言，先计算各国在样本期间内企业信息披露程度的样本均值，之后取得各国企业信息披露程度的中位数，若一国企业信息披露程度的均值高于该中位数，则定义该国为企业信息披露程度较高的国家，虚拟变量 $hBUS = 1$，否则该国为企业信息披露程度较低的国家，$hBUS = 0$。

金融结构与企业信息披露程度交互项（$l.finstr_{c,t} * hBUS_c$）前的系数显著为负，意味着金融结构对企业杠杆率的影响在企业信息披露程度更高的国家中更大。出现这一结果的可能原因在于，在面临信息不对称时，相较于资本市场的投资者，银行可以通过与企业建立长期的信贷关系或者通过要求抵押物的方式来缓解所面临的信息不对称问题。因此，信息披露程度的改善会对资本市场产生较大的影响，从而相较于企业债权融资会对其股权融资产生较大影响。

　　综上所述，在那些监管质量较高、企业信息披露程度较高的国家，金融结构市场化程度的增加更有助于企业杠杆率的降低。而一国较好的法律规范和腐败控制，如法律或合约执行力度较强、债权人违约成本较低，会对债权人提供更好的保护，因此制度环境在这方面的完善会弱化金融结构对企业杠杆率的负向影响。

表 6 - 5　　　　　制度环境、金融结构与非金融企业杠杆率

变量	(1) lev	(2) lev	(3) lev	(4) lev	(5) lev
l. finstr	- 0. 0039 *** (- 6. 0900)	- 0. 0042 *** (- 6. 4200)	- 0. 0041 *** (- 6. 4400)	- 0. 0038 *** (- 5. 3000)	- 0. 0020 *** (- 8. 7100)
l. finstr * rqe	- 0. 0012 * (- 1. 7900)				
rqe	- 0. 0317 *** (- 5. 4200)				
l. finstr * rle		0. 0011 * (1. 7800)			
rle		0. 0121 (1. 4300)			
l. finstr * cce			0. 0012 ** (2. 2500)		
cce			- 0. 0493 *** (- 9. 0500)		
l. finstr * gee				0. 0006 (0. 9000)	

变量	(1) lev	(2) lev	(3) lev	(4) lev	(5) lev
gee				-0.0239 *** (-4.4000)	
l. finstr * hBUS					-0.0032 *** (4.8300)
l. size	0.0097 *** (5.9600)	0.0098 *** (6.0000)	0.0092 *** (5.6200)	0.0097 *** (5.9400)	0.0087 *** (5.3500)
l. roa	-0.3000 *** (-42.7400)	-0.3000 *** (-42.7100)	-0.3010 *** (-42.7900)	-0.3000 *** (-42.7500)	-0.3020 *** (-43.9700)
l. tang	0.0685 *** (9.9300)	0.0682 *** (9.8900)	0.0683 *** (9.9100)	0.0676 *** (9.8000)	0.0698 *** (10.3100)
l. growth	-0.0006 (-1.0300)	-0.0005 (-0.8300)	-0.0003 (-0.4400)	-0.0003 (-0.5800)	-0.0011 * (-1.8100)
l. taxrate	-0.0055 *** (-7.1700)	-0.0055 *** (-7.2100)	-0.0055 *** (-7.2400)	-0.0055 *** (-7.2000)	-0.0062 *** (-8.0900)
save	0.1850 *** (6.6800)	0.1980 *** (7.1100)	0.1580 *** (5.6400)	0.2110 *** (7.5900)	0.2230 *** (8.1000)
GDP	0.0930 *** (3.9500)	0.0985 *** (4.1400)	0.1190 *** (4.9800)	0.0799 *** (3.3800)	0.0777 *** (3.3900)
GDPstr	-0.0264 (-0.86)	-0.0456 (-1.47)	-0.0244 (-0.79)	-0.0742 ** (-2.38)	-0.0319 (-1.03)
CPI	-0.0101 (-0.3700)	-0.0097 (-0.3500)	-0.0224 (-0.8200)	0.0149 (0.5400)	0.0290 (1.0600)
M2G	0.0051 (0.6000)	0.0140 (1.6100)	0.0217 ** (2.4800)	0.0142 (1.6400)	0.01020 (1.2000)
budget	0.0049 (0.1700)	-0.0200 (-0.6900)	-0.0206 (-0.7200)	-0.0180 (-0.6200)	-0.0524 * (-1.8000)
FD	0.0212 (1.4900)	0.0128 (0.8900)	0.0433 *** (3.0600)	0.0222 (1.5900)	0.0147 (1.0300)

变量	(1) lev	(2) lev	(3) lev	(4) lev	(5) lev
IQ	-0.0436*** (-4.5700)	-0.0910*** (-8.7700)	-0.0248** (-2.5000)	-0.0530*** (-5.2100)	-0.0800*** (-10.5600)
常数项	0.4510*** (23.3200)	0.4450*** (22.2600)	0.4370*** (22.8400)	0.4540*** (23.4500)	0.4410*** (23.0000)
聚类	企业	企业	企业	企业	企业
个体效应	是	是	是	是	是
年份效应	是	是	是	是	是
行业—时间效应	是	是	是	是	是
观测值	277948	277948	277948	277948	291151
R^2	0.0600	0.0600	0.0610	0.0600	0.0620

注：括号内为 t 值；***、**、* 分别表示双尾检验中 1%、5%、10% 的显著性水平。

综上所述，虽然金融结构与企业杠杆率之间呈现显著的负相关关系，即金融结构市场化程度的增加会导致企业杠杆率的降低，但这一影响会随一国金融发展程度、储蓄率、经济增长模式和制度环境的不同而不同。具体来说，一国金融发展程度的提升、储蓄率的降低以及经济增长对投资依赖程度的降低将更有助于推动非金融企业杠杆率随金融结构市场化程度的升高而降低。同时，一国制度环境的完善也会对金融结构与企业杠杆率之间的关系造成影响，但不同制度的完善对二者之间关系的影响方向并不相同。一国监管质量的提升和企业信息披露程度的增加，有利于发挥金融结构市场化程度增加对降低企业杠杆率的作用。

6.4.3 行业特征、金融结构与企业杠杆率

本章进一步考察了金融结构对企业杠杆率的影响是否会随着行业的不同而变化，具体的回归结果如表 6-6 所示。为对上述问题进行检验，本章通过行业研发强度指数（RD_s）对不同行业进行了划分，该指数越大，表示该行业的研发支出占营业收入的比重越高，即该行业越倾向于

为创新性或高科技行业。由表 6 - 6 （1） 列可以看到，金融结构（$l.finstr_{c,t}$） 以及金融结构与行业研发强度交互项 （$l.finstr_{c,t} * RD_s$） 前的系数均显著为负，表明处于行业研发强度较高行业中的企业，其杠杆率受金融结构的影响会显著高于其他企业。考虑到行业研发强度是通过美国上市企业财务数据计算得出，为进一步减轻行业研发强度与企业杠杆率之间潜在的内生性问题，本章在实证分析中将美国上市企业数据剔除，回归结果如表 6 - 6 （2） 列所示。在剔除美国上市企业数据后，金融结构与行业研发强度交互项 （$l.finstr_{c,t} * RD_s$） 前的系数仍显著为负。（3） 列和 （4） 列是在控制企业固定效应、年份固定效应、行业—时间效应的基础上进一步控制国家—时间效应后的回归结果，（3） 列同样是剔除美国上市企业数据后的回归结果。这些虚拟变量的使用不仅控制了企业固定不变的一些特征 （比如，所有制或政治关联） 对其负债率的影响，也控制了每年影响企业负债率调整的国家性因素 （如信贷情况、金融开放程度等），以及每年每个行业影响企业负债调整的因素 （如各行业当年的景气程度、行业平均杠杆率等）。通过控制这几组虚拟变量，本章也试图把企业杠杆率与控制变量之间的各种内生性影响降到最低，尤其是遗漏变量问题 （钟宁桦等，2016）。如表 6 - 6 （3） 列和 （4） 列结果所示，在控制国家—时间效应后，金融结构与行业研发强度交互项 （$l.finstr * RD$） 前的系数仍显著为负，这进一步支持了上述结论。

综上所述，金融结构市场化程度的增加有助于创新型行业中的企业降低杠杆率。这主要是因为相比金融中介机构，资本市场更适合也更倾向于向科技创新行业提供资金 （Allen et al. ，2018）。同时，现有研究表明，股权融资是企业研发最重要的外源融资方式，一国股权融资越发达越能促进行业创新发展，而银行信贷繁荣则对行业创新存在抑制作用（Brown et al. ，2012；Hsu et al. ，2012）。因此，金融结构市场化程度的增加还会通过促进创新型企业的发展，加速科技创新成果向现实生产力的转化，进而增强经济活力，最终推动非金融企业部门宏观杠杆率的降低。

表6－6　　　行业特征、金融结构和非金融企业杠杆率

变量	(1) lev	(2) lev	(3) lev	(4) lev
l. finstr	− 0. 0036 *** (− 5. 4100)	− 0. 0047 *** (− 7. 0700)		
l. Finstr * RDB	− 0. 0024 *** (− 3. 5200)	− 0. 0019 *** (− 2. 7700)	− 0. 0026 *** (− 3. 8400)	− 0. 0022 *** (− 3. 1900)
l. size	0. 0082 *** (5. 0400)	0. 0190 *** (10. 9300)	0. 0076 *** (4. 4100)	0. 0201 *** (10. 7700)
l. roa	− 0. 3000 *** (− 43. 3200)	− 0. 3050 *** (− 36. 8800)	− 0. 3030 *** (− 43. 6700)	− 0. 3080 *** (− 37. 3700)
l. tang	0. 0698 *** (10. 2400)	0. 0617 *** (8. 3200)	0. 0680 *** (9. 9700)	0. 0581 *** (7. 8300)
l. growth	− 0. 0012 * (− 1. 9700)	− 0. 0002 (− 0. 4400)	− 0. 0003 (− 0. 4400)	0. 0004 (0. 7300)
l. taxrate	− 0. 0061 *** (− 7. 9100)	− 0. 0067 *** (− 7. 9600)	− 0. 0058 *** (− 7. 6300)	− 0. 0064 *** (− 7. 6800)
save	0. 2280 *** (8. 1800)	0. 1720 *** (6. 0900)		
GDP	0. 0661 *** (2. 8100)	0. 0758 *** (3. 2000)		
GDPstr	− 0. 0231 (− 0. 76)	0. 0291 (0. 94)		
CPI	0. 0199 (0. 7200)	0. 0592 ** (2. 1600)		
M2G	0. 0182 ** (2. 1100)	0. 0043 (0. 5000)		
budget	− 0. 0403 (− 1. 3600)	− 0. 0371 (− 1. 2100)		
findev	0. 0208 (1. 4300)	0. 0257 * (1. 7600)		
IQ	− 0. 0846 *** (− 11. 0700)	− 0. 0722 *** (− 8. 8400)		

续表

变量	（1） lev	（2） lev	（3） lev	（4） lev
常数项	0.4510 *** （23.2700）	0.3270 *** （15.8200）	0.4540 *** （32.7500）	0.3380 *** （21.4400）
聚类	企业	企业	企业	企业
个体效应	是	是	是	是
年份效应	是	是	是	是
行业—时间效应	是	是	是	是
国家—时间效应	否	否	是	是
观测值	285109	228103	285211	228205
R^2	0.0610	0.0640	0.0740	0.0810

注：括号内为 t 值；*** 、** 、* 分别表示双尾检验中 1%、5%、10% 的显著性水平。

6.4.4 企业特征、金融结构与企业杠杆率

为考察金融结构与企业杠杆率之间的关系是否会随企业特征的不同而发生变动，本章进一步检验了不同企业特征对二者之间关系的影响。基于假设 4，本章将从企业股权结构、杠杆率水平、企业规模和盈利能力四个方面考察金融结构对企业杠杆率的影响是否会在不同企业间呈现差异性。为描述企业股权结构，本章引入变量 $central$ 和 $government$，其中 $central$ 表示企业股权集中度，按照全球上市企业分析库中对各企业股权集中度的划分标准进行赋值获得。[⑧] $government$ 为 0 - 1 虚拟变量，用以描述企业与政府之间的关联度。当某一企业股权结构中政府所占份额高于样本中所有企业股权结构中政府所占份额的中位数时，$government$ 取值为

---

⑧　全球上市企业分析库中所提供的有关企业股权集中度和各类股东所占股权份额的数据均为横截面数据，即各企业的股权集中度和各类股东所占股权份额是一个随企业变动但不随时间变动的数值。其中，股权集中度可分为四大类："A +" "A" 和 "A -" 表示直接或加总持股不超过 25% 的股东；"B +" "B" 和 "B -" 表示直接、间接或加总持股不超过 50% 的股东，但有一个或多个直接或加总持股超过 25% 的股东；"C +" 和 "C" 表示直接持股不超过 50% 的股东，但有一个加总持股超过 50% 的股东；"D" 表示有一个加总持股超过 50% 的股东。本章则按照相应代码 "A +" 至 "D" 赋值为 1 ~ 9 以描述企业股权集中度。

1，否则取值为 0。

由表 6 - 7（1）列可知，金融结构与股权集中度交互项（$l.finstr_{c,t} * central$）前的系数显著为正，表明金融结构对企业杠杆率的负向影响在股权集中度较低的企业中表现得更为明显。原因在于，由于债务作为治理机制较其他直接干预的成本低，股东偏好于使用债务作为控制代理成本的手段。债务作为大股东施加压力的其他潜在监督机制的补充，使股权集中度与债务比率正相关。（2）列显示金融结构与政企关联程度交互项（$l.finstr_{c,t} * hgov$）前的系数显著为正，表明较高的政企关联度会弱化金融结构市场化程度，增加对企业杠杆率的负向影响。表 6 - 7（3）列至（5）列则分别给出了企业规模、盈利水平和杠杆率对金融结构与企业杠杆率之间关系的影响。金融结构与企业规模交互项前的系数显著为负，意味着金融结构与企业杠杆率之间的负相关关系会随着企业规模的增加而增强；金融结构与企业盈利水平交互项前的系数显著为正，意味着金融结构与企业杠杆率之间的负相关关系会随着企业盈利水平的增加而减弱；金融结构与企业杠杆率交互项前的系数显著为负，意味着金融结构与企业杠杆率之间的负相关关系会随企业杠杆率的增加而增强，即高杠杆企业的杠杆率受金融结构的影响会显著高于低杠杆企业。其中，（5）列中由于包含了因变量的滞后一期，模型中可能存在一阶自相关的问题。然而，Flannery 和 Rangan（2006）仔细分析了各种计量模型，得出结论：对于此项研究而言，序列相关问题并不严重，但控制企业固定效应以及年度虚拟变量是非常重要的。因此，本章参照他们以及后续研究（Cook and Tang，2010；钟宁桦等，2016），在方程中进一步加入了国家—时间虚拟变量后，使用面板固定效应进行回归。（6）列和（7）列则是按照杠杆率水平进行分组的回归结果，可以看到高杠杆率组别中金融结构项的系数不论是在显著性还是在水平值上均要优于低杠杆率组别。[9]

---

⑨　高杠杆率组别中金融结构前的系数估计值为 - 0.0052，置信区间为 [- 0.0066，- 0.0038]；低杠杆率组别中金融结构前的系数估计值为 - 0.0012，置信区间为 [- 0.0022，- 0.00016]，二者置信区间并不重叠，因此可以判断在统计上高杠杆率组别中金融结构前的系数要显著大于低杠杆率组别。

综上所述，金融结构与企业杠杆率之间的负相关关系在不同企业间会呈现显著异质性。具体来说，金融结构市场化程度的增加有助于大型企业、低盈利企业、过度负债企业（高杠杆企业）、较低的股权集中度和较弱的政企关联度的企业杠杆率更大幅度地降低。

表 6 - 7　　　　　　　企业特征、金融结构与非金融企业杠杆率

变量	(1) lev	(2) lev	(3) lev	(4) lev	(5) lev	(6) lev	(7) lev
l. finstr	- 0. 0059 *** (- 6. 1000)	- 0. 0051 *** (- 5. 5700)	- 0. 0002 (- 0. 1200)	- 0. 0055 *** (- 8. 1900)		- 0. 0052 *** (- 7. 0700)	- 0. 0012 ** (- 2. 1900)
l. finstr * central	0. 0003 ** (2. 0700)						
l. finstr * hgov		0. 0032 *** (2. 7000)					
l. finstr * size			- 0. 0005 ** (- 2. 5100)				
l. finstr * roa				0. 0166 *** (4. 7200)			
l. finstr * lev					- 0. 0036 *** (- 3. 5100)		
l. lev					0. 5690 *** (99. 0400)		
l. size	0. 0095 *** (5. 8100)	0. 0133 *** (7. 1500)	0. 0104 *** (6. 1800)	0. 0086 *** (5. 3200)	0. 0172 *** (15. 9600)	- 0. 0179 *** (- 9. 3700)	0. 0135 *** (12. 6600)
l. roa	- 0. 3030 *** (- 42. 9200)	- 0. 3080 *** (- 34. 7100)	- 0. 3020 *** (- 43. 9300)	- 0. 3730 *** (- 23. 5600)	- 0. 1150 *** (- 20. 8800)	- 0. 3000 *** (- 36. 1400)	- 0. 0521 *** (- 15. 1200)
l. tang	0. 0680 *** (9. 9200)	0. 0712 *** (9. 0500)	0. 0698 *** (10. 3000)	0. 0683 *** (10. 1000)	0. 0375 *** (8. 2900)	0. 0291 *** (3. 3200)	0. 0677 *** (16. 4100)
l. growth	- 0. 0010 * (- 1. 8200)	- 0. 0011 * (- 1. 7700)	- 0. 0011 * (- 1. 9500)	- 0. 0011 * (- 1. 8000)	- 0. 0020 *** (- 3. 6400)	- 0. 0028 *** (- 3. 8800)	0. 0001 (0. 3600)
l. taxrate	- 0. 0062 *** (- 8. 0700)	- 0. 0065 *** (- 7. 4100)	- 0. 0062 *** (- 8. 0800)	- 0. 0061 *** (- 7. 9300)	- 0. 0012 ** (- 2. 0200)	- 0. 0053 *** (- 5. 8000)	- 0. 0010 (- 1. 6300)

续表

变量	(1) lev	(2) lev	(3) lev	(4) lev	(5) lev	(6) lev	(7) lev
save	0.2390 *** (8.6700)	0.2820 *** (9.2700)	0.2340 *** (8.5600)	0.2390 *** (8.7200)		0.2530 *** (7.4700)	0.1180 *** (5.5700)
GDP	0.0659 *** (2.8100)	0.1260 *** (4.7500)	0.0602 *** (2.5800)	0.0628 *** (2.7100)		-0.1050 *** (-3.6100)	0.0522 *** (3.0600)
GDPstr	-0.0125 (-0.41)	0.00660 (0.20)	-0.0232 (-0.77)	-0.0122 (-0.41)		-0.00557 (-0.15)	0.0525 ** (2.28)
CPI	0.0183 (0.6600)	0.0348 (1.0600)	0.0263 (0.9600)	0.0171 (0.6300)		-0.0381 (-1.3700)	-0.0056 (-0.2600)
M2G	0.0219 ** (2.5600)	0.0315 *** (3.1500)	0.0158 * (1.8700)	0.0187 ** (2.2100)		-0.0270 *** (-2.6400)	0.0251 *** (3.8000)
budget	-0.0505 * (-1.7300)	-0.0377 (-1.1500)	-0.0400 (-1.3700)	-0.0421 (-1.4500)		0.0160 (0.4400)	-0.0730 *** (-3.3700)
FD	0.0235 (1.6200)	0.0353 ** (2.2200)	0.0176 (1.2200)	0.0198 (1.3800)		0.0342 * (1.8900)	0.0090 (0.8200)
IQ	-0.0786 *** (-10.3000)	-0.0803 *** (-9.2900)	-0.0825 *** (-10.8100)	-0.0795 *** (-10.5200)		-0.0973 *** (-9.9900)	-0.0252 *** (-4.9100)
常数项	0.4280 *** (22.2000)	0.3500 *** (15.9900)	0.4320 *** (21.9200)	0.4460 *** (23.2400)	0.0917 *** (10.6600)	0.8820 *** (37.3000)	0.1800 *** (13.1800)
聚类	企业	企业	企业	企业	企业	企业	企业
个体效应	是	是	是	是	是	是	是
年份效应	是	是	是	是	是	是	是
行业—时间效应	是	是	是	是	是	是	是
国家—时间效应	否	否	否	否	是	否	否
观测值	282593	213701	291151	291151	257925	144705	146446
R^2	0.0620	0.0630	0.0610	0.0620	0.3690	0.0760	0.0320

注：括号内为 t 值；***、**、* 分别表示双尾检验中1%、5%、10%的显著性水平。

6.5 金融结构、货币政策与企业杠杆率

从货币政策传导机制来看，货币政策调整主要通过利率传导渠道、信贷传导渠道、资产价格传导渠道等渠道作用于实体经济。何种传导渠道起主导作用主要取决于金融市场的发达程度。在发展中国家，由于资本市场发展相对滞后，银行在金融系统中发挥着重要作用，信贷渠道往往为货币政策传导的主要渠道。由于传导渠道单一，银行体系风险承担水平改变会极大削弱货币政策对实体经济的调控效力，这一现象在国际金融危机后表现得更为显著。金融结构市场化程度的提升，有助于丰富货币政策对微观层面的传导渠道，这可能会使货币政策对微观层面的影响效力有所增强。因此，本章探讨了一国金融结构市场化程度的增强是否有助于增强国内货币政策调整对企业杠杆率的影响效力。另外，金融结构市场化程度的提升可以丰富企业外部融资渠道，当企业流动性状况变动时，相比企业依赖过于单一融资渠道的国家，金融结构市场化程度较高的国家的非金融企业也许可以更合理地选择债券融资和股权融资比例，使企业杠杆率保持在合理区间。基于此，本章进一步考虑了金融结构市场化程度是否有助于缓解主要发达国家货币政策国际传导对于其他国家国内企业杠杆率的影响。

本章按照金融结构指标将样本国家分为两组，具体划分方式如下：首先，计算各样本国家在样本期间内的金融结构综合指数的平均值（mean-finstr）；其次，计算各样本国家金融结构综合指数平均值的中位数（median-finstr）；最后，若一国 mean-fisntr 大于样本国家金融结构指数中位数 median-finstr，则该国家被列入金融结构市场化程度较高组别，反之为金融结构市场化程度较低组别。表 6-8（1）列和（2）列分别给出了不同金融结构组别间国内货币政策调整对企业杠杆率影响的差异。（1）列列出了较高金融结构市场化程度组别间国内货币政策与企业杠杆率之间关系的回归结果，回归结果显示，M2 实际增速前的系数显著为正，表明该组别中货币政策调整对企业杠杆率存在显著正向影响，即平

均而言，实施宽松的货币政策会导致企业杠杆率上升，实施紧缩货币政策会导致企业杠杆率下降。（2）列回归结果表明，货币政策与企业杠杆率间的关系在较低金融结构市场化程度组别中却表现得并不显著。（1）列和（2）列的回归结果表明，货币政策调整对企业杠杆率的影响在较高金融结构市场化组别中表现得更为显著。从国内角度看，金融结构市场化程度的提升不仅有助于在长期改善我国企业高度依赖银行贷款的间接融资方式，促使企业杠杆率降低，还有助于提升我国货币政策调控企业杠杆率的效力。

如前文所述，新兴市场国家非金融企业杠杆率的上升除受到国内货币政策的影响外，美国货币政策的国际传导作用同样不容忽视。表 6 - 8（3）列描述了金融结构市场化程度提升对美国货币政策国际传导效应的影响的结果。为尽量消除内生性问题，本章在进行（3）列回归时，剔除了美国非金融企业数据。回归结果显示，美国影子利率前的系数显著为负，表明美国影子利率与非金融企业杠杆率之间存在显著的负相关关系。即美国货币政策相对紧缩会导致其他样本国家国内非金融企业杠杆率降低。该结论与本书第五章所得结论一致。美国影子利率与金融结构指数交互项前的系数显著为正，表明一国金融结构市场化程度的提升会逐步弱化美国货币政策对国内非金融企业杠杆率的影响程度。考虑到发达国家货币政策会对全球流动性造成显著影响，为保证上述结论的稳健性，本章进一步引入全球流动性（$liquidity_t$）变量对上述结论进行稳健性检验。[10] 表 6 - 8（4）列显示，全球流动性前的系数显著为正，表明全球流动性的上升会导致样本国家非金融企业杠杆率上升。同样，为尽量消除内生性问题，本章在进行（4）列回归时，剔除了美国非金融企业数据。进一步地，全球流动性与金融结构指数交互项前的系数显著为负，这意味着一国金融结构市场化程度的提升会逐步弱化全球流动性对国内非金融企业杠杆率的影响程度。表 6 - 8（3）列和（4）列的回归结果表明，

---

⑩ 本章选取 IMF 国际收支平衡表（BOPS）数据库中所有样本国家国际收支平衡表金融账户下对外直接投资、资产组合投资、其他投资加总金额的增长率，用以衡量全球流动性变动趋势。数据来源：http：//data. imf. org/regular. aspx？key = 61468206。

一国金融结构市场化程度的提升有助于降低货币政策国际传导效应对国内非金融企业杠杆率的影响。

表6-8 金融结构、货币政策与企业杠杆率

变量	(1) lev	(2) lev	(3) lev	(4) lev
M2G	0.0262 ** (2.23)	-0.0115 (-0.90)	0.0029 (0.36)	0.0476 *** (5.47)
L. SSR			-0.0040 *** (-8.28)	
L. SSR _ finstr			0.0005 *** (3.75)	
L. liquidity				0.00130 *** (3.02)
L. liquidity _ finstr				-0.000364 *** (-2.78)
L. finstr	0.000262 (0.23)	-0.00602 *** (-7.64)	-0.00593 *** (-9.43)	-0.00361 *** (-6.65)
L. size	-0.00287 (-1.30)	0.0215 *** (8.80)	0.0195 *** (11.33)	0.0100 *** (7.19)
L. roa	-0.272 *** (-33.03)	-0.362 *** (-29.75)	-0.305 *** (-37.24)	-0.300 *** (-36.82)
L. tang	0.0760 *** (8.40)	0.0754 *** (7.53)	0.0639 *** (8.73)	0.0671 *** (9.14)
L. growth	-0.00243 * (-1.80)	-0.0000358 (-0.06)	-0.000440 (-0.80)	0.000296 (0.55)
L. taxrate	-0.00500 *** (-4.28)	-0.00706 *** (-7.20)	-0.00686 *** (-8.21)	-0.00661 *** (-7.91)
save	-0.0433 (-1.08)	0.406 *** (10.69)	0.177 *** (6.34)	0.237 *** (8.80)
GDP	0.124 *** (3.95)	0.139 *** (4.16)	0.0757 *** (3.25)	-0.0311 * (-1.85)

续表

变量	（1） lev	（2） lev	（3） lev	（4） lev
CPI	− 0. 0315	0. 0988 ***	0. 0627 **	0. 112 ***
	（− 0. 69）	（2. 80）	（2. 33）	（4. 75）
budget	− 0. 0592	0. 00661	− 0. 0423	0. 0268
	（− 1. 62）	（0. 15）	（− 1. 40）	（1. 07）
FD	0. 0846 ***	0. 0167	0. 0187	− 0. 0527 ***
	（3. 05）	（0. 90）	（1. 30）	（− 4. 41）
IQ	− 0. 0753 ***	− 0. 0670 ***	− 0. 0689 ***	− 0. 0865 ***
	（− 6. 64）	（− 6. 33）	（− 8. 50）	（− 11. 35）
GDPstr	− 0. 0747	− 0. 0485	0. 0520 *	0. 0542 *
	（− 1. 54）	（− 1. 22）	（1. 70）	（1. 80）
常数项	0. 579 ***	0. 230 ***	0. 315 ***	0. 450 ***
	（18. 67）	（8. 59）	（15. 51）	（27. 37）
聚类	企业	企业	企业	企业
个体固定效应	是	是	是	是
时间固定效应	是	是	是	是
观测值	151403	139742	233094	233094
R^2	0. 053	0. 080	0. 062	0. 057

注：括号内为 t 值；*** 、** 、* 分别表示双尾检验中1%、5%、10%的显著性水平。

6.6 稳健性检验

为保证本章实证结果有更高的可靠性和稳健性，本章通过以下方式对基准回归结果进行稳健性检验。

1. 替换金融结构指标的测度方式

本章在主要回归方程中衡量一国金融结构时采用的是规模、活跃度和效率三个指标的第一主成分构成的综合指标。为了保证本章结论的稳健性，笔者进一步分别采用以下金融结构测度方式对基准结果进行稳健性检验。首先，采用金融结构综合指数中分别代表规模、效率和活跃度的三个子指标作为金融结构的代理变量进行回归。其次，尽管本章采用企业层面数据进行实证分析已经大大减弱了企业杠杆率与国家金融结构之间可能存在的内生性问题，但为了尽可能地降低二者之间的反向因果关系，本章进一步将金融结构作五年移动平均处理。此外，对金融结构指标实施五年移动平均处理还主要考虑到平滑经济周期和金融危机对一国金融结构所产生的影响（Allen et al.，2012）。最后，Levine（2002）所构造的金融结构指标主要考虑的是股票市场相对银行部门的发展，这主要是因为债券市场的相关数据可得性有限。在本节，本章进一步将债券市场纳入金融结构的衡量指标中，以检验本章基准结论的稳健性。由于数据可得性原因，本章只通过债券市场和股票市场相对银行部门的规模来构造金融结构指标，即采用股票市场市值和债券市值加总的未偿还债券余额与银行信贷规模之比作为金融结构指标。替换金融结构测度方法后的回归结果如表6-9所示，金融结构与企业杠杆率之间仍呈现出显著的负相关关系，而与企业债务期限之间仍呈现出显著的正相关关系。

2. 国家层面的聚类标准误

尽管本章涉及的样本国家包含发达国家和新兴市场国家，但每个国家之间仍可能有较强的相关性，若不按照国家聚类标准误，容易导致解释变量系数的标准误被低估，t值被高估。因此本章进一步按照国家聚类方法，对主要回归结果进行稳健性检验。具体的回归结果如表6-10所示，采用国家层面聚类标准误后本章基准结论仍保持不变。

3. 剔除观测值占比较大的国家

由样本观测值的分布可知，样本国家中美国、日本、中国、印度的企业样本占比较大，为防止本章结果是由上述国家所导致的，本章进一步剔除上述国家的企业观测值对基准回归结果进行稳健性检验，结果如表6-10所示。结果发现本章基准结论保持不变。

表 6 - 9　金融结构与企业杠杆率（替换金融结构测度方式）

变量	(1) lev	(2) lev	(3) lev	(4) lev	(5) lev	(6) debtqx	(7) debtqx	(8) debtqx	(9) debtqx	(10) debtqx
l. str_ size	-0.0198*** (-8.9000)					0.0101*** (-8.9000)				
l. str_ eff		-0.0039*** (-6.2000)					0.0045*** (-6.2000)			
l. str_ act			-0.0062*** (-4.5300)					0.0176*** (-4.5300)		
m5finstr				-1.2410*** (-10.3300)					-0.0087 (-0.0800)	
l. finstr_ size					-0.0195*** (-9.4800)					0.0105*** (5.6800)
l. size	0.0085*** (5.3100)	0.0086*** (5.3700)	0.0086*** (5.3300)	0.0092*** (5.7200)	0.0088*** (5.4300)	0.0267*** (21.32)	0.0267*** (21.29)	0.0268*** (21.46)	0.0269*** (21.3200)	0.0268*** (21.3100)
l. roa	-0.3020*** (-43.9300)	-0.3030*** (-43.9800)	-0.3020*** (-43.9500)	-0.3040*** (-44.1400)	-0.3020*** (-43.9300)	0.00541 (1.23)	0.00570 (1.30)	0.00494 (1.13)	0.0057 (1.3000)	0.0055 (1.2500)
l. tang	0.0690*** (10.2100)	0.0699*** (10.3300)	0.0699*** (10.3300)	0.0675*** (9.9700)	0.0682*** (10.0900)	0.223*** (40.29)	0.222*** (40.20)	0.223*** (40.48)	0.2210*** (40.0900)	0.2220*** (40.2500)
l. growth	-0.0012** (-2.0300)	-0.0012** (-2.0600)	-0.0012** (-2.0500)	-0.0009 (-1.5000)	-0.0012* (-1.9600)	0.00194*** (3.85)	0.00195*** (3.88)	0.00173*** (3.43)	0.0020*** (3.9100)	0.0019*** (3.7600)
l. taxrate	-0.0061*** (-7.9900)	-0.0062*** (-8.1200)	-0.0062*** (-8.0700)	-0.0061*** (-7.9700)	-0.0061*** (-7.9900)	-0.00125* (-1.77)	-0.00121* (-1.71)	-0.00129* (-1.82)	-0.0012* (-1.7200)	-0.0013* (-1.7900)
save	0.2690*** (9.6500)	0.2160*** (7.8800)	0.2230*** (8.1300)	0.2510*** (9.1200)	0.2550*** (9.2800)	0.357*** (13.82)	0.360*** (14.11)	0.337*** (13.35)	0.3850*** (14.7900)	0.3650*** (13.9300)

续表

变量	(1) lev	(2) lev	(3) lev	(4) lev	(5) lev	(6) debtqx	(7) debtqx	(8) debtqx	(9) debtqx	(10) debtqx
GDP	0.1170*** (5.0800)	0.0780*** (3.3700)	0.0819*** (3.5400)	0.0357 (1.5300)	0.0863*** (3.7500)	0.136*** (6.27)	0.154*** (7.03)	0.164*** (7.46)	0.1390*** (6.3100)	0.1330*** (6.0900)
GDPstr	-0.00642 (-0.21)	-0.0212 (-0.71)	-0.0227 (-0.76)	0.0229 (0.76)	0.0625* (1.79)	-0.0402 (-1.55)	-0.0434* (-1.67)	-0.00642 (-0.21)	-0.0212 (-0.71)	-0.0227 (-0.76)
CPI	0.0104 (0.3900)	0.0036 (0.1300)	0.0032 (0.1200)	0.0267 (1.0000)	0.0060 (0.2200)	-0.243*** (-10.15)	-0.258*** (-10.65)	-0.277*** (-11.40)	-0.2310*** (-9.7800)	-0.2360*** (-9.9700)
M2G	0.0245*** (2.9500)	0.0111 (1.3100)	0.0155* (1.8300)	0.0176** (2.0900)	0.0237** (2.8500)	0.0766*** (9.46)	0.0780*** (9.54)	0.0761*** (9.29)	0.0834*** (10.2600)	0.0763*** (9.4400)
budget	-0.0361 (-1.2500)	-0.0638** (-2.2300)	-0.0674** (-2.3600)	-0.0355 (-1.2300)	0.0002 (0.0100)	-0.596*** (-20.46)	-0.572*** (-20.06)	-0.614*** (-21.15)	-0.5570*** (-19.4900)	-0.5930*** (-20.3100)
FD	0.0154 (1.0500)	0.0137 (0.9400)	0.0182 (1.2400)	0.0409*** (2.7800)	0.0172 (1.1800)	0.145*** (11.02)	0.143*** (10.95)	0.108*** (8.28)	0.1580*** (11.6200)	0.1490*** (11.2300)
IQ	-0.0758*** (-9.6700)	-0.0835*** (-10.8400)	-0.0818*** (-10.4000)	-0.0710*** (-9.2700)	-0.0758*** (-9.9000)	0.0411*** (6.18)	0.0446*** (6.88)	0.0312*** (4.74)	0.0476*** (7.1600)	0.0419*** (6.3400)
常数项	0.4150*** (21.6800)	0.4550*** (23.9400)	0.4290*** (22.3800)	0.4230*** (22.0000)	0.4190*** (21.6900)	0.4150*** (21.6800)	0.4550*** (23.9400)	0.4290*** (22.3800)	-0.2230*** (-13.8500)	-0.2040*** (-12.5400)
聚类	企业	企业	企业	企业	企业	企业	企业	企业	企业	企业
个体效应	是	是	是	是	是	是	是	是	是	是
年份效应	是	是	是	是	是	是	是	是	是	是
行业—时间效应	是	是	是	是	是	是	是	是	是	是
观测值	291142	291142	291142	291134	291111	291142	291142	291142	291107	291084
R²	0.0620	0.0610	0.0610	0.0620	0.0620	0.0620	0.0610	0.0610	0.0560	0.0560

注：括号内为 t 值；***、**、** 分别表示双尾检验中 1%、5%、10% 的显著性水平。

表 6 - 10　金融结构与企业杠杆率（国家聚类标准误）

变量	国家聚类标准误				剔除占比较大的国家			
	(1) lev	(2) slev	(3) llev	(4) debtqx	(1) lev	(2) slev	(3) llev	(4) debtqx
l.finstr	-0.0044* (-1.9100)	-0.0074*** (-3.5000)	0.0030 (1.6000)	0.0071*** (2.7300)	-0.0037*** (-5.0100)	-0.0038*** (-6.5600)	0.0002 (0.4300)	0.0028*** (4.0800)
l.size	0.0087 (0.9300)	-0.0056 (-0.6600)	0.0162*** (4.7500)	0.0269*** (3.8700)	0.0159*** (6.9600)	-0.0070*** (-4.4000)	0.0253*** (16.7200)	0.0379*** (20.8200)
l.roa	-0.3020*** (-18.4400)	-0.1910*** (-12.3000)	-0.0845*** (-9.7700)	0.0055 (0.5000)	-0.2890*** (-30.3000)	-0.1910*** (-29.2400)	-0.0724*** (-13.4400)	0.0170*** (2.7600)
l.tang	0.0692*** (6.1800)	-0.0723*** (-5.1200)	0.1410*** (13.2000)	0.2230*** (14.7600)	0.0483*** (5.2700)	-0.0812*** (-12.0900)	0.1310*** (22.5100)	0.2240*** (30.2200)
l.growth	-0.0012 (-1.1400)	-0.0015*** (-2.3100)	0.0010* (1.8100)	0.0018*** (4.3600)	0.0004 (0.3700)	-0.0002 (-0.2400)	0.0017** (2.1200)	0.0016 (1.5100)
l.taxrate	-0.0062*** (-6.5100)	-0.0027*** (-3.2200)	-0.0032*** (-5.7100)	-0.0013* (-1.9300)	-0.0063*** (-5.2400)	-0.0024** (-2.4500)	-0.0036*** (-4.0600)	-0.0014 (-1.2900)
save	0.2380 (1.6500)	-0.0355 (-0.1800)	0.2740* (1.7900)	0.3520 (1.4300)	-0.1140*** (-3.3500)	-0.0745*** (-2.8900)	-0.0369 (-1.6100)	0.0154 (0.4800)
GDP	0.0628 (0.8300)	-0.0358 (-0.3900)	0.0966 (1.6000)	0.1580* (1.8800)	0.0136 (0.4700)	-0.0011 (-0.0500)	0.0123 (0.6000)	0.0436 (1.5700)

续表

变量	国家聚类标准误				剔除占比较大的国家			
	(1) lev	(2) slev	(3) llev	(4) debtqx	(1) lev	(2) slev	(3) llev	(4) debtqx
GDPstr	-0.0125 (-0.15)	0.0129 (0.25)	-0.0193 (-0.26)	-0.0608 (-0.67)	-0.198*** (-4.27)	-0.164*** (-4.49)	-0.0259 (-0.85)	-0.00222 (-0.06)
CPI	0.0184 (0.2900)	0.1870 (1.6400)	-0.1600 (-1.2400)	-0.2660 (-1.2800)	0.0858** (2.5400)	0.0813*** (3.2700)	0.0111 (0.4600)	-0.0090 (-0.3200)
M2G	0.0171 (0.6100)	-0.0213 (-0.8700)	0.0434* (1.6900)	0.0734* (1.9700)	-0.0159* (-1.7000)	-0.0093 (-1.2700)	-0.0017 (-0.2600)	0.0131 (1.4800)
budget	-0.0444 (-0.6200)	0.3250 (1.3100)	-0.3720 (-1.6100)	-0.5930 (-1.5600)	0.0287 (0.8200)	0.0812*** (3.2000)	-0.0514** (-2.0800)	-0.1260*** (-3.8700)
FD	0.0184 (0.4400)	-0.0687 (-0.8600)	0.0920 (1.2300)	0.1290 (1.0600)	0.0373* (1.8800)	0.0067 (0.4500)	0.0328** (2.4000)	0.0406** (2.3500)
IQ	-0.0813** (-2.4300)	-0.0808** (-2.3600)	0.0024 (0.0700)	0.0395 (0.8000)	-0.0375*** (-3.8200)	-0.0221*** (-2.9300)	-0.0119* (-1.7800)	-0.00145 (-0.1700)
常数项	0.4950*** (5.2300)	0.5800*** (5.3200)	-0.1110 (-1.1300)	-0.1900 (-1.3800)	0.4850*** (19.2600)	0.5030*** (27.4700)	-0.0488*** (-2.8400)	-0.0698*** (-3.3200)
聚类	国家	国家	国家	国家	企业	企业	企业	企业
个体效应	是	是	是	是	是	是	是	是
年份效应	是	是	是	是	是	是	是	是
行业—时间效应	是	是	是	是	是	是	是	是
观测值	291140	291090	291090	291113	145180	145134	145134	145176
R^2	0.0620	0.0490	0.0490	0.0570	0.0570	0.0440	0.0470	0.0560

注：括号内为t值；***、**、* 分别表示双尾检验中1%、5%、10%的显著性水平。

6.7　本章小结

本章采用2000—2015年47个国家（地区）非金融上市企业的面板数据，研究了一国（地区）金融结构市场化程度的增加是否有助于降低企业杠杆率。实证结果表明，金融结构与企业杠杆率之间存在显著的负相关关系，即金融结构市场化程度越高，非金融企业杠杆率越低。不过，金融结构对企业杠杆率的这一影响在不同国家、不同行业和不同企业间表现出一定的异质性。从国家层面来看，金融结构对企业杠杆率的负向影响在那些金融发展程度较高、储蓄率较低、经济增长模式对投资依赖程度较低的国家中表现得更为明显。同时，一国国有企业信息披露程度和监督质量较高有助于增强金融结构对企业杠杆率的负向影响，而较好的法律规范和腐败控制机制则会弱化金融结构市场化程度增加对企业杠杆率的负向影响。从行业层面来看，金融结构对企业杠杆率的负向影响在研发强度较高的行业中表现得更为明显，主要是由于金融结构市场化程度的增加会通过资本市场的发展向创新型行业提供更多的资金，从而更大幅度地降低上述行业中的企业杠杆率。从企业层面来看，金融结构市场化程度的增加有助于大型企业、低盈利企业和过度负债企业（高杠杆企业）杠杆率更大幅度地降低，但企业较高的股权集中度和政企关联度则会弱化这一效应。另外，一国金融结构市场化程度的提升除有助于降低国内非金融企业杠杆率外，还有助于提升国内货币政策对非金融企业杠杆率的影响效力，以及降低发达国家货币政策国际传导对国内非金融企业杠杆率的影响程度。上述结果对于中国国有企业去杠杆的政策讨论具有重要启示。本章研究发现，以资本市场直接融资为主的金融体系，相对于以银行贷款等间接融资为主的金融体系，更有利于企业降低杠杆率，并且有助于提升国内货币政策对非金融企业杠杆率的影响效力以及降低发达国家货币政策国际传导对国内非金融企业杠杆率的影响程度。这为当前中国将"积极有序发展股权融资，提高直接融资比重"作为企业去杠杆的政策路径提供了经验证据。⑪ 从金融结构来看，中国需要改革金融供给方式，优化融资结构，加大资本市场融资力度，减少对债务融资的依赖。具体来讲，一方面要支持企业市场化、法治化债转股，盘活存量资产；另一方面要加大股权融资力度，推进资产证券化，发展多层次资本市场，包括 IPO、定增、新三板等交易所市场和风险投资、私募基金、天使投资、种子基金等资本市场，为创新创业和转型升级提供不同层次的权益资本，满足企业在不同发展阶段的不同融资需求。

进一步地，本章的异质性检验表明，金融结构市场化程度的提高对企业杠杆率的影响还会受到其他因素的制约。由于各个国家的经济增长模式、金融发展水平、经济结构、制度环境不一样，发展资本市场和扩大直接融资比重对降低企业杠杆率的效果也会有很大的不同，不能简单认为一国金融体系如果以资本市场直接融资为主，其企业杠杆率就会比以银行信贷间接融资为主的国家要低。有效发挥资本市场降杠杆的功能，还需要其他政策措施的配合。

其一，转变经济增长方式。中国国有企业较高的杠杆率，与当前的高储蓄和投资为主的经济增长模式密切相关。2017 年中国的储蓄率高达 GDP 的 45%⑫，高储蓄可以通过股权和债权方式进行投资，但是由于中国股权融资发展滞后，股权市场吸收的储蓄规模有限，更多的是通过银行信贷成为企业债权，造成企业杠杆率偏高。本章发现资本市场发展对企业去杠杆的作用会随着一国储蓄率和投资率的上升而减弱，这意味着，去杠杆的过程实际上也是转变经济发展方式和深化改革的过程。因此，去杠杆的配套政策，应包括淡化经济增长目标，改变高储蓄、高投资、高负债的经济增长方式，将经济增长动力由投资驱动为主平稳转变为消费驱动，完善促进消费的体制机制，增强消费对经济发展的基础性作用，只有这样才可能长期稳定地去杠杆。

---

⑪ 2017 年 7 月全国金融工作会议指出：要把发展直接融资放在重要位置，形成融资功能完备、基础制度扎实、市场监管有效、投资者合法权益得到有效保护的多层次资本市场体系；要增强资本市场服务实体经济功能，积极有序发展股权融资，提高直接融资比重。

⑫ 数据来源于全球宏观经济数据库（EIU 数据库）。

其二，完善法律和制度环境，保障投资者权益。中国当前法律制度环境并不完善，如法律制度对债权人和股东特别是中小股东权益保护不足是导致当前中国非金融企业中过度负债企业、"僵尸企业"和"融资难"的企业并存的重要制度性因素。本章发现，较好的监管质量和较高的企业信息披露程度有利于增强资本市场的去杠杆功能。同时，完善的法律制度环境也是企业与外部投资人之间实现资金融通以及防范债务风险的重要制度保障。因此，在大力发展规范的股权市场时，还应不断完善相应法律制度，落实资本市场的基础制度建设。构建和完善多层次资本市场的规则与监管体系，推动建立区域性股权交易市场、全国中小企业股权转让系统和主板、创业板之间的转板、退市机制，使各级市场之间真正建立起有机、密切和高效的联系。同时，改革金融监管体制，完善信息披露制度，健全投资者保护制度。

其三，深化国有企业改革，减少政府对企业的干预，完善公司治理结构和现代企业制度。中国国有企业部门的杠杆率相对较高，既有融资结构不合理的问题，也有企业运用资金效率（投资的效益和使用流动资金的效益）低下的问题。本章发现，较高的股权集中度和政企关联度会显著弱化资本市场发展对企业降杠杆的影响程度。因此，实施企业去杠杆政策，除了大力发展股权融资和多层次资本市场，还应减少政府对企业的支持和直接干预，继续推动国有企业混合所有制改革，形成股权结构多元、股东行为规范、内部约束有效、运行高效灵活的企业治理结构。

第七章 结论与研究拓展

7.1 主要结论

国际金融危机后，中国非金融企业部门宏观杠杆率的快速攀升以及微观层面杠杆率结构性问题的不断加剧引发了众多学者和政策制定者的关注和担忧。为防止债务风险和系统性风险的发生，国内学者和政策制定者对我国非金融企业部门高杠杆问题予以了高度关注，并积极寻求主动降低非金融企业部门杠杆率的途径。2015 年底"三去一降一补"供给侧结构性改革任务的提出，标志着我国正式进入主动去杠杆阶段。尽管当前学术界对一些去杠杆政策，诸如处置"僵尸企业"、债务重组、杠杆转移等方面已达成共识，但对于在去杠杆进程中货币政策该如何作为仍存在较大的争议。因此，本书从中国非金融企业部门杠杆率的特征事实、货币政策与非金融企业杠杆率的关系、货币政策国际传导对我国去杠杆进程的影响以及如何长期有效化解我国非金融企业高杠杆问题四个角度出发展开了细致研究，以期能为我国非金融企业部门去杠杆进程的顺利推进提供启示。本书所得主要结论如下所示。

首先，本书从现状、成因和潜在风险角度描述了我国非金融企业部门杠杆率的一系列特征事实。结果表明，2003 年以来中国非金融企业两轮加杠杆与宽松的货币政策均不无关系，本轮加杠杆[①]更是为了刺激经济，是由政府主导的主动加杠杆。从宏观层面看，当前我国非金融企业部门宏观杠杆率不论在水平值还是增速上均显著高于其他新兴市场国家乃至亚洲金融危机前夕危机国家（地区）的平均水平。从微观层面看，

---

① 本轮加杠杆指金融危机之后的加杠杆，即此处所提两轮加杠杆中的第二轮。

中国非金融企业杠杆率存在明显的结构性问题，高杠杆现象主要集中于大规模企业、国有企业、产能过剩行业和西部地区。尽管从风险债务规模占比的数据来看，中国非金融企业部门当前并不必然会爆发债务危机，但中国非金融企业财务状况在金融危机后期（2011—2017年）的不断恶化，综合财务状况（Z值）已接近"高破产概率"的边缘。危机后不断恶化的企业财务状况与不断上升的宏观杠杆率相互叠加始终是经济增长和金融稳定的巨大隐患。因此，有必要实施一系列措施抑制中国非金融企业部门杠杆率的上升趋势，实现平稳去杠杆。

其次，本书运用我国上市非金融企业2005年第一季度至2017年第四季度的非平衡面板财务数据考察了我国当前实施从紧的货币政策是否有助于非金融企业良性去杠杆。以中国上市企业为样本的回归结果表明，货币政策与企业杠杆率之间存在显著的"U"形曲线的非线性关系，即初始非金融企业杠杆率会随货币政策的紧缩呈现下降趋势，一旦货币政策紧缩程度超过一定阈值，非金融企业杠杆率反而会出现回升。这一基本结论为我国当前稳健中性货币政策的实施提供了经验证据。进一步地，从企业负债的不同期限来看，货币政策与企业杠杆率间的"U"形曲线关系在短期杠杆率中表现得更为明显，在长期杠杆率中表现得并不显著；从不同所有制看，这一非线性关系在非国有企业中表现得更为明显，在国有企业中并不显著。这意味着，当货币政策紧缩程度超过一定的阈值时，继续紧缩的货币政策会导致非国有企业杠杆率上升，且这种上升趋势主要集中在短期杠杆率。企业短期杠杆率的上升无疑会导致非国有企业流动性风险和违约风险的上升。另外，本书进一步验证了货币政策与企业杠杆率间的关系在不同地区、不同行业以及不同企业间的异质性。结果表明位于金融业市场化程度较低地区中的非国有企业、具有较低竞争度行业中的非国有企业以及实际盈利水平较低的非国有企业，其杠杆率在货币政策过度紧缩时会出现更为显著的上升。上述异质性的存在也一定程度上验证了替代性融资渠道和所有者权益渠道在货币政策过度紧缩时促使企业杠杆率回升的有效性。上述研究结论对我国非金融企业部门去杠杆进程的良性推进具有重要意义。一是，"一刀切"的紧缩货币政策并不有助于企业杠杆率的良性降低,稳健中性的货币政策更有助于降低企业杠杆率。二是,为了使货币政策在今后主动去杠杆进程中能更有效地发挥作用,应致力于解决非国有企业,特别是民营企业所面临的融资约束问题。三是,应积极维护中国企业商业信用体系的良性运转,在中国金融体系发展尚不健全的情况下,商业信用在公司融资结构中的重要性更加值得重视。

再次,本书运用 28 个新兴市场国家的跨国数据考察了美国货币政策国际传导效应对新兴市场国家非金融企业杠杆率变动的影响。结果表明,美国影子利率与新兴市场国家非金融企业杠杆率变动之间存在显著的负相关关系。美国货币政策可以通过影响新兴市场国家国内利率和企业融资约束来影响该国非金融企业杠杆率的变动,平均来看,美国货币政策扩张会促使新兴市场国家非金融企业杠杆率出现更大幅度的增长;美国货币政策紧缩会抑制新兴市场国家非金融企业杠杆率的增加幅度。具体来说:一是,具有较高财务融资约束的企业,其杠杆率受美国货币政策的影响要显著高于其他企业;二是,具有较高行业外部融资依赖程度的企业,其杠杆率变动受美国货币政策的影响要显著高于其他企业;三是,新兴市场国家非金融企业杠杆率变动对于美国货币政策的反应会随一国资本账户开放程度和汇率制度的不同而表现出显著差异。资本账户开放程度较高但汇率制度倾向于固定汇率制,或者汇率制度越僵化的新兴市场国家,其国内非金融企业杠杆率变动更容易受美国货币政策的影响。不过,一国较高的金融发展程度则有助于缓解美国货币政策对本国非金融企业杠杆率变动带来的冲击。四是,从世界范围内看,亚洲地区的新兴市场国家,其国内非金融企业杠杆率变动受美国货币政策影响的程度平均而言要显著高于世界其他地区。上述研究结论为我国非金融企业降杠杆提供了重要启示。就我国而言,随着人民币国际化、资本账户开放和人民币汇率制度改革的不断推进,中国与全球金融市场的联系越来越紧密。特别是自 2015 年底美联储宣布危机后首次加息以来,美国联邦基金利率和影子利率逐渐步入正值范围,预示着美国货币政策已开始步入紧缩期。因此,我国监管层在今后努力抑制非金融企业杠杆率过快增长的同时，也应该准备好应对由美国货币政策步入紧缩期给我国非金融企业带来的潜在冲击，避免国内外冲击叠加造成非金融企业过快去杠杆带来的风险。

最后，本书进一步验证了金融结构市场化程度增强在一国非金融企业去杠杆过程的重要性，以及对货币政策在去杠杆进程中效应的影响。本书采用2000—2015年47个国家和地区非金融上市企业的面板数据，研究了一国金融结构市场化程度的增加是否有助于降低企业杠杆率。实证结果表明，金融结构与企业杠杆率之间存在显著的负相关关系，即金融结构市场化程度越高，非金融企业杠杆率越低。不过，金融结构对企业杠杆率的影响在不同国家、不同行业和不同企业间表现出一定的异质性。从国家层面来看，金融结构对企业杠杆率的负向影响在那些金融发展程度较高、储蓄率较低、经济增长模式对投资依赖程度较低的国家中表现得更为明显。同时，一国国有企业信息披露程度和监督质量较高有助于增强金融结构对企业杠杆率的负向影响，而较好的法律规范和腐败控制机制则会弱化金融结构市场化程度增加对企业杠杆率的负向影响。从行业层面来看，金融结构对企业杠杆率的负向影响在研发强度较高的行业中表现得更为明显，主要是由于金融结构市场化程度的增加会通过资本市场的发展向创新型行业提供更多的资金，从而更大幅度地降低上述行业中的企业杠杆率。从企业层面来看，金融结构市场化程度的增加有助于大型企业、低盈利企业和过度负债企业（高杠杆企业）杠杆率出现更大幅度的降低，但企业较高的股权集中度和政企关联度则会弱化这一效应。另外，一国金融结构市场化程度的提升除有助于降低国内非金融企业杠杆率外，还有助于提升国内货币政策对非金融企业杠杆率的影响效力以及缓解发达国家货币政策国际传导对国内非金融企业杠杆率的影响程度。上述结果表明，大力发展资本市场，提升金融机构市场化程度有助于企业降低杠杆率，同时还有助于提升国内货币政策对非金融企业杠杆率的影响效力以及缓解发达国家货币政策国际传导对国内非金融企业杠杆率的影响程度。这为当前中国将"积极有序发展股权融资，提高直接融资比重"作为企业去杠杆的政策路径提供了经验证据。

因此，为推动我国非金融企业顺利实现结构化去杠杆，国内货币政策应在保持稳健中性的前提下适度增加灵活性，根据形势动态变化，松紧适度。监管层在今后也应该重视美国货币政策变动带来的影响，避免国内外冲击叠加造成非金融企业过快去杠杆带来的风险。在保持我国货币政策稳健中性的前提下，还需要高度重视资本市场的发展，确保直接融资和间接融资结构均衡合理。同时在宏观上需要转变经济增长方式，推动经济结构转型，加强监管，完善信息披露制度；在微观上改善公司治理结构，降低政府对企业的干预程度。

7.2 研究拓展

本书研究为我国非金融企业去杠杆提供了重要启示。但有关我国非金融企业部门去杠杆的研究在以下两个方面仍有值得拓展的研究空间。

第一，本书对我国非金融企业部门杠杆率现状作了翔实的分析，但在潜在债务风险和债务持续性角度仍有进一步拓展空间。基于 Arrow et al.（2004）中的可持续性概念，Cuerpo et al.（2015）和 Albuquerque et al.（2015）通过构造可持续性债务指标分别研究了发达经济体和美国家庭部门的超额杠杆率。Mariusz 和 Rozenov（2017）则将其扩展到非金融企业部门，研究了发达经济体家庭部门和非金融部门超额杠杆率的动态变化和驱动因素。但当前从超额杠杆率（真实杠杆率与可持续性杠杆率之差）角度研究我国非金融企业部门杠杆率现状的文献仍非常稀少。因此，今后可借鉴上述文献关于超额杠杆率的构造方法，构造我国以及各主要发达国家经济体（美国、日本、英国、德国）和新兴市场国家非金融企业部门超额杠杆率指标，通过分析我国非金融企业部门超额杠杆率变动情况以及跨国间的对比，客观评价我国非金融企业部门面临的高杠杆压力。

第二，去杠杆过程中一个不可忽视的问题是债务—通缩陷阱，债务—通缩问题也是货币政策在去杠杆时必须考虑的潜在经济后果，这一问题可能会进而导致在去杠杆方面政策效果的复杂性。Eggertsson 和 Krugman（2012）强调了在应对去杠杆引起的债务—通缩陷阱时财政政策的重要性，当经济因去杠杆而触及零利率下限，采取扩张性的财政政策可以避免债务—通缩，保证产出和就业，使企业的资产负债表得到修复。在我国的经济背景下，面对高债务和通缩并存的情况，可以同时采用宽松的财政政策和货币政策，增加财政赤字并创造宽松的信贷环境，该种政策搭配的操作空间和可持续性更强，并且能够通过刺激工业品需求进而提高总产出，打破债务—通缩的循环（陈小亮和马啸，2016；张斌等，2018）。当前的研究均认识到货币政策在去杠杆方面作用的局限性以及效果的复杂性，货币政策需要其他政策的支持，如财政政策及结构性改革，但有关在去杠杆背景下财政政策以及政策搭配的研究还有待进一步补充。

参考文献

［1］才国伟，吴华强，徐信忠．政策不确定性对公司投融资行为的影响研究［J］．金融研究，2018（3）：89-104.

［2］陈卫东，熊启跃．我国非金融企业杠杆率的国际比较与对策建议［J］．国际金融研究，2017（2）：3-11.

［3］陈小亮，马啸．"债务—通缩"风险与货币政策财政政策协调［J］．经济研究，2016（8）：28-42.

［4］方军雄．所有制、制度环境与信贷资金配置［J］．经济研究，2007（12）：82-92.

［5］方明月．市场竞争、财务约束和商业信用［J］．金融研究，2014（2）：111-124.

［6］樊纲．高杠杆率病因在"两只手"错位［N］．人民政协报，2013-8-23（B01）.

［7］樊纲，王小鲁，朱恒鹏．中国市场化指数：各地区市场化相对进程2011年度报告［M］．北京：经济科学出版社，2011.

［8］苟琴，黄益平，刘晓光．银行信贷配置真的存在所有制歧视吗?［J］．管理世界，2014（1）：16-26.

［9］韩珣，田广宁，李建军．非金融企业影子银行化与融资结构［J］．国际金融研究，2017（10）：44-51.

［10］亨·特兰，索尼亚·吉布斯，艾姆雷·蒂芙蒂克，菲奥娜·源.新兴市场中的企业债务：忧患何在?［J］．金融市场研究，2015（5）：121-124.

［11］黄志龙．我国国民经济各部门杠杆率的差异及政策建议［J］．国际金融，2013（1）：51-53.

［12］黄继承，姜付秀．产品市场竞争与资本结构调整速度［J］．世

界经济，2015（7）：99 – 119.

[13] 黄继承，朱冰，向东. 法律环境与资本结构动态调整 ［J］. 管理世界，2014（5）：142 – 156.

[14] 胡志鹏. "稳增长"与"控杠杆"双重目标下的货币当局最优政策设定 ［J］. 经济研究，2014（12）：60 – 71 + 184.

[15] 纪敏，严宝玉，李宏瑾. 杠杆率结构、水平和金融稳定——理论分析框架和中国经验 ［J］. 金融研究，2017（2）：11 – 25.

[16] 纪洋，王旭，谭语嫣等. 经济政策不确定性、政府隐性担保与企业杠杆率分化 ［J］. 经济学（季刊），2018（2）：449 – 470.

[17] 江伟，李斌. 制度环境、国有产权与银行差别贷款 ［J］. 金融研究，2006（11）：116 – 126.

[18] 江龙，宋常，刘笑松. 经济周期波动与上市公司资本结构调整方式研究 ［J］. 会计研究，2013（7）：28 – 34.

[19] 李增福，顾研，连玉君. 税率变动、破产成本与资本结构非对称调整 ［J］. 金融研究，2012（5）：136 – 150.

[20] 李海海，邓柏冰. 货币政策对上市公司资本结构的影响——基于行业的比较研究 ［J］. 中央财经大学学报，2014（11）：39 – 45.

[21] 林毅夫，孙希芳. 信息、非正规金融与中小企业融资 ［J］. 经济研究，2005（7）：35 – 44.

[22] 刘晓光，刘元春. 杠杆率重估与债务风险再探讨 ［J］. 金融研究，2018（8）：33 – 50.

[23] 刘晓光，张杰平. 中国杠杆率悖论——兼论货币政策"稳增长"和"降杠杆"真的两难吗 ［J］. 财贸经济，2016（8）：5 – 19.

[24] 刘莉亚. 境外"热钱"是否推动了股市、房市的上涨？——来自中国市场的证据 ［J］. 金融研究，2008（10）：48 – 70.

[25] 陆婷，余永定. 中国企业债对 GDP 比的动态路径 ［J］. 世界经济，2015（5）：3 – 16.

[26] 陆婷. 中国非金融企业债务：风险、走势及对策 ［J］. 国际经济评论，2015（5）：67 – 77.

[27] 陆正飞，祝继高，樊铮．银根紧缩、信贷歧视与民营上市公司投资者利益损失 [J]．金融研究，2009 (8)：124 - 136.

[28] 马文超，胡思玥．货币政策、信贷渠道与资本结构 [J]．会计研究，2012 (11)：39 - 48.

[29] 聂辉华，江艇，张雨潇，方明月．中国僵尸企业研究报告——现状、原因和对策 [R]．人大国发院系列报告年度研究报告，2016.

[30] 牛慕鸿，纪敏．中国的杠杆率及其风险 [J]．中国金融，2013 (14)：55 - 57.

[31] 潘晶，我国非金融企业杠杆率高企原因及去杠杆路径 [J]．武汉金融，2016 (12)：58 - 60.

[32] 钱雪松，李红林．货币政策、企业异质性和贷款期限决定——基于我国上市公司委托贷款公告数据的经验研究 [J]．华中科技大学学报 (社会科学版)，2015 (5)：85 - 96.

[33] 钱雪松，徐建利，杜立．中国委托贷款弥补了正规信贷不足吗？[J]．金融研究，2018 (5)：82 - 100.

[34] 饶品贵，姜国华．货币政策对银行信贷与商业信用互动关系影响研究 [J]．经济研究，2013 (1)：68 - 82.

[35] 石晓军，李杰．商业信用与银行借款的替代关系及其反周期性：1998—2006 年 [J]．财经研究，2009，35 (3)：4 - 15.

[36] 申广军．比较优势与僵尸企业：基于新结构经济学视角的研究 [J]．管理世界，2016 (12)：13 - 24.

[37] 宋国青．利率是车，汇率是马 [M]．北京：北京大学出版社，2014.

[38] 苏治，方彤，尹力博．中国虚拟经济与实体经济的关联性——基于规模和周期视角的实证研究 [J]．中国社会科学，2017 (8)：87 - 109.

[39] 盛松成，吴培新．中国货币政策的二元传导机制——"两中介目标，两调控对象"模式研究" [J]．经济研究，2008 (10)：37 - 51.

[40] 谭小芬．美联储量化宽松货币政策的退出及其对中国的影响

［J］．国际金融研究，2010（2）：26 – 37．

［41］谭小芬，李源．新兴市场国家非金融企业债务：现状、成因、风险与对策［J］．国际经济评论，2018（5）：61 – 77．

［42］谭小芬，李源，王可心．金融结构与非金融企业"去杠杆"［J］．中国工业经济，2019（2）：23 – 41．

［43］谭小芬，李源．美国货币政策推升了新兴市场国家非金融企业杠杆率吗？［R］．中国金融四十人论坛工作论文系列，2018．

［44］谭小芬，尹碧娇．中国非金融企业杠杆率：现状和对策［J］．中国外汇，2016（11）：20 – 22．

［45］谭小芬，殷无弦，戴韡．美国量化宽松政策的退出公告对新兴经济体的影响［J］．国际金融研究，2016，351（7）：18 – 32．

［46］谭小芬，张文婧．经济政策不确定性影响企业投资的渠道分析［J］．世界经济，2017（12）：3 – 26．

［47］谭小芬．中国企业杠杆率现状、影响及去杠杆的对策［C］．激辩去杠杆：如何避免债务—通缩．北京：中信出版社，2016：17 – 44．

［48］谭劲松，简宇寅，陈颖．政府干预与不良贷款——以某国有商业银行1988—2005年的数据为例［J］．管理世界，2012（7）：29 – 43．

［49］谭语嫣，谭之博，黄益平，胡永泰．僵尸企业的投资挤出效应：基于中国工业企业的证据［J］．经济研究，2017（5）：175 – 188．

［50］王碧珺，谭语嫣，余淼杰，黄益平．融资约束是否抑制了中国民营企业对外直接投资［J］．世界经济，2015（12）：54 – 78．

［51］王怀明，刘融．影子银行对中小企业融资约束的缓解效应［J］．甘肃社会科学，2017（2）：245 – 250．

［52］王晓明．银行信贷与资产价格的顺周期关系研究［J］．金融研究，2010（3）：45 – 55．

［53］王宇伟，盛天翔，周耿．宏观政策、金融资源配置与企业部门高杠杆率［J］．金融研究，2018（1）：36 – 52．

［54］王珏，骆力前，郭琦．地方政府干预是否损害信贷配置效率？［J］．金融研究，2015（4）：99 – 114．

［55］汪涛．当前降低宏观杠杆的政策选择［C］．激辩去杠杆：如何避免债务—通缩．北京：中信出版社，2016：115－124.

［56］吴华强，才国伟，徐信忠．宏观经济周期对企业外部融资的影响研究［J］．金融研究，2015（8）：109－123.

［57］肖泽忠，邹宏．中国上市公司资本结构的影响因素和股权融资偏好［J］．经济研究，2008（6）：119－134＋144.

［58］许一涌．我国非金融企业杠杆率问题研究［J］．金融与经济，2014（10）：38－41.

［59］徐忠．新时代背景下中国金融体系与国家治理体系现代化［J］．经济研究，2018（7）：4－20.

［60］徐建国．越降越高的杠杆［C］．激辩去杠杆：如何避免债务—通缩．北京：中信出版社，2016：85－90.

［61］姚洋，范保群．我国有能力解决国有企业杠杆率偏高问题［N］．人民日报，2016.

［62］曾海舰，苏冬蔚．宏观经济因素与公司资本结构变动的关系研究［J］．经济研究，2009（12）：52－65.

［63］曾令涛，汪超．货币政策冲击对企业资本结构的异质性与结构性影响——基于A股上市公司的实证研究［J］．中央财经大学学报，2015（S2）：10－22.

［64］张茉楠．降低企业负债率应重在提高资本利用率［N］．中国证券报，2014－04－23（A05）.

［65］张斌，何晓贝，邓欢．不一样的杠杆——从国际比较看杠杆上升的现象、原因与影响［J］．金融研究，2018（2）：15－29.

［66］张成思，张步昙．中国实业投资率下降之谜：经济金融化视角［J］．经济研究，2016（12）：32－46.

［67］张成思，朱越腾，芦哲．对外开放对金融发展的抑制效应之谜［J］．金融研究，2013（6）：16－30.

［68］钟宁桦，刘志阔，何嘉鑫等．我国企业债务的结构性问题［J］．经济研究，2016（7）：102－117.

［69］中国人民银行杠杆率研究课题组.中国经济杠杆率水平评估及潜在风险研究［J］.金融监管研究，2014（5）：23－38.

［70］Ahmed S, Coulibaly B, Zlate A. International Financial Spillovers to Emerging Market Economies: How Important are Economic Fundamentals? ［J］. Journal of International Money and Finance, 2017, 76: 133－152.

［71］Aizenman J, Chinn M D, Ito H. Monetary Policy Spillovers and the Trilemma in the New Normal: Periphery Country Sensitivity to Core Country Conditions［J］. Journal of International Money and Finance, 2016, 68: 298－330.

［72］Aizenman J, Chinn M D, Ito H. The "Impossible Trinity" Hypothesis in an Era of Global Imbalances: Measurement and Testing［J］. Review of International Economics, 2013, 21（3）: 447－458.

［73］Albuquerque B, Baumann U, Krustev G. US Household Deleveraging Following the Great Recession - a Model-based Estimate of Equilibrium Debt ［J］. The B. E. Journal of Macroeconomics, 2015, 15（1）: 255－307.

［74］Alter A, Elekdag S A. Emerging Market Corporate Leverage and Global Financial Conditions［J］. IMF Working Paper, 2016.

［75］Altman, E. , An Emerging Market Credit Scoring System for Corporate Bonds［J］. Emerging Market Review, 2005（6）: 3011－323.

［76］Allen F, Bartiloro L, Gu X, et al. Does Economic Structure Determine Financial Structure?［J］. Journal of International Economics, 2018, 114: 389－409.

［77］Allen F, Gu X, Kowalewski O. Financial Crisis, Structure and Reform［J］. Journal of Banking & Finance, 2012, 36（11）: 2960－2973.

［78］Allen F, Qian J, Qian M. Law, Finance, and Economic Growth in China［J］. Journal of Financial Economics, 2005, 77（1）: 57－116.

［79］Aghion P, Bloom N, Blundell R, Griffith R, Howitt P. Competition and Innovation: an Inverted-U Relationship［J］. The Quarterly Journal of Economics, 2005, 120（2）: 701－728.

[80] Arrow K, Dasgupta P, Goulder L, Daily G, Ehrlich P, Heal G, Levin S, Maler K G, Schneider S, Starrett D, and Walker B. Are We Consuming Too Much? [J]. Journal of Economic Perspectives, 2004, 18 (3): 147 - 172.

[81] Bai C, Hsieh C, Song Z M. The Long Shadow of a Fiscal Expansion [R]. NBER Working Paper, 2016.

[82] Baraja A, DelAricia G, Levchenko A. Credit Booms: The Good, the Bad, and the Ugly [R]. Thailand: Selected Isues, 2006.

[83] Batini N, Nelson, E. The Lag from Monetary Policy Actions to Inflation: Friedman Revisited [R], External MPC Unit Discussion Paper No. 6, 2002.

[84] Baxter, N D. Leverage, Risk of Ruin and the Cost of Capital [J]. Journal of finance, 1967, 22 (3): 395 - 403.

[85] Beck T, Levine R. Industry Growth and Capital Allocation: Does Having a Market-or Bank-based System Matter? [J]. Journal of Financial Economics, 2002, 64 (2): 147 - 180.

[86] Bernanke B S, Gertler M. Inside the Black Box: The Credit Channel of Monetary Policy Transmission [J]. Journal of Economic Perspectives, 1995 (4): 27 - 48.

[87] Bernardini M, Forni L. Private and Public Debt: Are Emerging Markets at Risk? [J]. IMF Working Paper, 2017.

[88] Binh B, Park Y, Shin S. Financial Structure Does Matter for Industrial Growth: Direct Evidence from OECD Countries [R]. SSRN Working Paper, 2006.

[89] Brailsford J, Oliver R, Pua H. On the Relation Between Ownership Structure and Capital Structure [J]. Accounting & Finance, 2002, 42 (1): 1 - 26.

[90] Brennan M J, Schwartz E S. Optimal Financial Policy and Firm Valuation [J]. Journal of Financial, 1984, 39: 593 - 607.

［91］ Brown R, Martinsson G, Petersen C. Do Financing Constraints Matter for R&D? ［J］. European Economic Review, 2012, 56 (8): 1512 – 1529.

［92］ Bruno V, Shin H S. Global Dollar Credit and Carry Trades: a Firm-level Analysis ［J］. Review of Financial Studies, 2017 (3): 702 – 749.

［93］ Borio C, Zhu H B. Capital regulation, Risk-taking and Monetary Policy: A Missing Link in the Transmission Mechanism?   ［J］. Journal of Financial Stability, 2012 (8): 236 – 251.

［94］ Cerutti E, Claessens S, Ratnovski L. Global Liquidity and Drivers of Cross-Border Bank Flows ［R］. IMF Working Paper No. 14/69, 2014.

［95］ Chang C, Chen X, Liao G. What Are the Reliably Important Determinants of Capital Sructure in China? ［J］. Pacific-Basin Finance Journal, 2014 (30): 87 – 113.

［96］ Cull R, Li W, Sun B, Xu L. C. Government Connections and Financial Constraints: Evidence from a Large Representative Sample of Chinese Firms ［J］. Journal of Corporate Finance, 2015 (32): 271 – 294.

［97］ Cong L W, Gao H, Ponticelli J, Yang X. Credit Allocation Under Economic Stimulus: Evidence from China ［R］. Buffett Institute Global Poverty Research Lab Working Paper, 2018.

［98］ Cecchetti G S, Mohanty S M, Zampolli F. The Real Effects of Debt ［R］. BIS (Bank for International Settlements) Working Papers, 2011.

［99］ Chinn M D, Ito H. What Matters for Financial Development? Capital Controls, Institutions, and Interactions ［J］. Journal of Development Economics, 2006, 81 (1): 163 – 192.

［100］ Cook D O, Tang T. Macroeconomic Conditions and Capital Structure Adjustment Speed ［J］. Journal of Corporate Finance, 2010, 16 (1): 73 – 87.

［101］ Cooley T F, Quadrini V. Monetary Policy and the Financial decisions of Firms ［J］. Economic Theory, 2006, 27 (1): 243 – 270.

［102］ Cuerpo C, Drumond I, Lendvai J, Pontuch P, Raciborski R. Private Sector Deleverage in Europe [J]. Economic Modelling, 2015, 44: 372 – 83.

[103] Deng Y, Morck R, Wu J, Yeung B Y. China's Pseudo-Monetary Policy [J]. Review of Finance, 2015 (19): 55 – 93.

[104] Demirci I, Huang J, Sialm C. Government Debt and Corporate Leverage: International Evidence [R]. NBER WorkingPaper No. 23310, 2017.

[105] Demirguc-Kunt A, Maksimovic V. Stock Market Development and Firm Financing Choices [R]. The World Bank Economic Review, 1995.

[106] Eggertsson G, Krugman P. Debt, Deleveraging, and the Liquidity Trap: A Fisher-Minsky-Koo Approach [J]. Quarterly Journal of Economics, 2012, 127 (3): 1469 – 1513.

[107] Eichengreen B, Gupta P. Tapering talk: The Impact of Expectations of Reduced Federal Reserve Security Purchases on Emerging Markets [J]. Emerging Markets Review, 2015 (25): 1 – 15.

[108] Faulkender M, Petersen M A. Does the Source of Capital Affect Capital Structure? [J]. Review of Financial Studies, 2006, 19 (1): 45 – 79.

[109] Fan H, Titman S, Twite G. An International Comparison of Capital Structure and Debt Maturity Choices [R]. NBER Working Papers, 2010.

[110] Flannery M, Rangan P. Partial Adjustment toward Target Capital Structures [J]. Journal of Financial Economics, 2006, 79 (3): 469 – 506.

[111] Frank M Z, Goyal V K. Capital Structure Decisions: Which Factors Are Reliably Important? [J]. Financial Management, 2009, 38 (1): 1 – 37.

[112] Fischer E O, Heinkel R, Zechner J. Dynamic Capital Structure Choice: Theory and Tests [J]. Journal of Finance, 1989, 44: 19 – 40.

[113] Ge Y, Qiu J. Financial Development, Bank Discrimination and Trade Credit [J]. Journal of Banking and Finance, 2007 (31): 513 – 530.

[114] Gebauer S, Setzer R, Westphal A. Corporate Debt and Invest-

ment: a Firm Level Analysis for Stressed Euro Area Countries [R]. ECB Working Paper, 2017.

[115] Gertler M, Gilchrist S. Monetary Policy, Business Cycles, and the Behavior of Small Manufacturing Firms [J]. Quarterly Journal of Economics, 1994, 109 (2): 309 – 340.

[116] Gertler M, Gilchrist S, Natalucci F. External Constraints on Monetary Policy and the Financial Accelerator [J]. Journal of Money, Credit and Banking, 2007, 39 (3): 295 – 330.

[117] Gilchrist S, Sim J W, Zakrajsek E. Uncertainty, Financial Friction, and Investment Dynamic [R]. NBER Working Paper No. 20038, 2014.

[118] Graham J R, Leary M T, Roberts M R. A Century of Capital Structure: the Leveraging of Corporate America [J]. Journal of Financial Economics, 2015, 118 (3): 658 – 683.

[119] Grossman S J, Stiglitz J E. On the Impossibility of Informationally Efficient Markets [J]. The American Economic Review, 1980, 70 (3): 393 – 408.

[120] Hadlock C J, Pierce J R. New Evidence on Measuring Financial Constraints: Moving Beyond the KZ Index [J]. Review of Financial Studies, 2010, 23 (5): 1909 – 1940.

[121] Han X, Wei S. International Transmissions of Monetary Shocks: Between a trilemma and a Dilemma [J]. Journal of International Economics, 2018, 110: 205 – 219.

[122] Halling M, Yu J, Zechner J. Leverage Dynamics over the Business Cycle [J]. Journal of Financial Economics, 2016, 122 (1): 21 – 41.

[123] He D, Mccauley R N. Transmitting Global Liquidity to East Asia: Policy Rates, Bond Yields, Currencies and Dollar Credit [J]. BIS Working Papers No 431, 2013.

[124] Herwadkar S S. Corporate Leverage in EMEs: Did the Global Financial Crisis Change the Determinants? [R]. BIS Working Papers, 2017.

[125] Hsu P H, Tian X, Xu Y. Financial Development and Innovation: Cross-country Evidence [J]. Journal of Financial Economics, 2012, 112 (1): 116 –135.

[126] Huang G, Song F M. The Determinants of Capital Structure: Evidence from China [J]. China Economic Review, 2006 (17): 14 –36.

[127] Huang H, Xu C. Institutions, Innovations, and Growth [J]. American Economic Review, 1999, 89 (2): 438 –443.

[128] Huang A. Kisho K N. Corporate Overseas Debt Issuance in the Context of Global Liquidity Transmission [R]. MPRA Working Paper, 2017.

[129] International Monetary Fund (IMF), Global Liquidity-Issues for Surveillance [R]. IMF Policy Paper, 2014.

[130] International Monetary Fund (IMF). Vulnerabilities Legacies and Policy Challenges Risks Rotating to Emerging Markets [R]. IMF Global Financial Stability Report, 2015.

[131] International Monetary Fund (IMF). Corporate Leverage in Emerging Markets—A Concern? [R]. Global Finance Stability Report Chapert3, 2015.

[132] Jensen M C, Meckling W H. Theory of the Firm: Managerial Behavior, Agency Costs and Ownership Structure [J]. Journal of Financial Economics, 1976, 4 (3): 305 –360.

[133] Jensen M C. Agency Costs of Free Cash Flow, Corporate Finance and Takeovers [J]. American Economic Review, 1986, 76: 323 –329.

[134] Jong A D, Kabir R, Nguyen T. Capital Structure around the World: The Roles of Firm and Country-specific Determinants [J]. Journal of Banking & Finance, 2008, 32 (9): 1954 –1969.

[135] Jordà Ò, Schularick M, Taylor A M. When Credit Bites Back [J]. Journal of Money, Credit and Banking, 2013, 45 (2): 3 – 28.

[136] Kane A., Marcus A J, McDonald R L. How Big is the Tax Advantage to Debt? [J]. Journal of Finance, 1984, 39: 841 –853.

［137］Kayo E K, Kimura H. Hierarchical Determinants of Capital Structure ［J］. Journal of Banking & Finance, 2011, 35 (2): 358 –371.

［138］Korajczyk R A, Levy A. Capital Structure Choice: Macroeconomic Conditions and Financial Constraints ［J］. 2003, 68 (1): 75 –109.

［139］Koivu T. Has the Chinese Economy Become More Sensitive to Interest Rates? Studying Credit Demand in China ［J］. China Economic Review, 2009, 20 (3): 455 –470.

［140］Kraus A , Litzenberger R H. A State-preference Model of Optimal Financial Leverage ［J］. Journal of finance, 1973, 28 (4): 911 –922.

［141］Levine R. Bank-Based or Market-Based Financial Systems: Which Is Better? ［J］. Journal of Financial Intermediation, 2002, 11 (4): 398 –428.

［142］Leary M T. Bank Loan Supply, Lender Choice and Corporate Capital Structure ［J］. Journal of Finance, 2009, 64 (3): 1143 –1185.

［143］Lemmon M, Roberts M R. The Response of Corporate Financing and Investment to Changes in the Supply of Credit ［J］. Journal of Financial and Quantitative Analysis, 2010, 45 (3): 555 –587.

［144］Li K, Yue H, Zhao L. Ownership, Institutions, and Capital Structure: Evidence from China ［J］. Journal of Comparative Economics, 2009, 37: 471 –490.

［145］Macey J, Miller G. Universal Banks Are No the Answer to America's Corporate Governance Problem: A Look at Germany, Japan, and the US ［J］. Journal of Applied Corporate Finance, 1997, 9 (4): 57 –73.

［146］Mariusz J, Rozenov R. Excessive Private Sector Leverage and Its Drivers: Evidence from Advanced Economies ［R］. IMF Working Paper, 2017.

［147］Myers S C. Determinants of Corporate Borrowing ［J］. Journal of Financial Economics, 1977, 5 (2): 147 –175.

［148］Myers S C. The Capital Structure of Puzzle ［J］. Journal of Finance, 1984, 39: 575 –592.

［149］Myers S C, Majluf N. Corporate Financing Decisions When Firms

Have Information That Investors Do Not Have [J]. Journal of Financial Economics, 1984, 13: 187 –221.

[150] Modigliani F, Miller M H. The Cost of Capital , Corporation Finance and the Theory of Investment [J]. American Economic Review, 1958, 48: 261 –297.

[151] Modigliani F, Miller M H. Corporate Income Taxes and the Cost of Capital: A correction [J]. American Economic Review, 1963, 53: 533 –443.

[152] Nilsen J H. Trade Credit and the Bank Lending Channel [J]. Journal of Money, Credit, and Banking, 2002, 34 (1): 226 –253.

[153] Nickell S J. Competition and Corporate Performance [J]. Journal of Political Economy, 1996, 104 (4): 724 –746.

[154] Pagano M. The Flotation of Companies on the Stock Market: A Coordination Failure Model [J]. European Economic Review, 1993, 37 (5): 1101 –1125.

[155] Petersen M A, Rajan R G. Trade Credit: Theory and Evidence [J]. Review of Financial Studies, 1997 (10): 661—691.

[156] Pomerleano M. Corporate Finance Lessons from the East Asian Crisis [R]. The World Bank Group Discussion Paper 155, 1998.

[157] Porta R L, Lopez-de-Silanes F, Shleifer A, Vishny R. Law and Finance [J]. Journal of Political Economy, 1998, 106 (6): 1113 –1155.

[158] Rajan R G, Zingales L. What Do We Know about Capital Structure? Some Evidence from International Data [J]. The Journal of Finance, 1995, 50 (5): 1421 –1460.

[159] Rajan R G, Zingales L. Financial Dependence and Growth [J]. The American Economic Review, 1998, 88 (3): 559 –586.

[160] Rajan R G, Zingales L. The Great Reversals: The Politics of Financial Development in the 20th Century [J]. Journal of Financial Economics, 2003, 69 (1): 5 –50.

［161］ Reinhart C M, Rogoff K S. Growth in a Time of Debt ［J］. American Economic Revie, 2010, 100 （2）: 573 – 578.

［162］ Rey H. Dilemma not Trilemma: The Global Financial Cycle and Monetary Policy Independence ［R］. NBER Working Paper, 2015.

［163］ Scott J, James H. A Theory of Optimal Capital Structure ［J］. Journal of Economics, 1976, 7 （1）: 33 – 54.

［164］ Stulz R. Managerial Discretion and Optimal Financing Policies ［J］. Journal of Financial Economics, 1990, 26: 3 – 28.

［165］ Sun, R. Does Monetary Policy Matter in China? A Narrative Approach ［J］. China Economic Review, 2013 （26） : 56 – 74.

［166］ Svirydzenka K. Introducing a New Broad-based Index of Financial Development ［R］. IMF Working Paper, 2016.

［167］ Wang X, Ji Y, Tan Y, Huang Y. Understanding "The State Advancing and the Private Sector Retreating" of Corporate Leverage in China ［R］. The 18th NBER-CCER Conference on China and the World Economy, 2016.

［168］ Wei S J, Zhou J. Quality of Public Governance and the Capital Structure of Nations and Firms ［R］. NBER Working Paper, 2018.

［169］ Whited T M, Wu G J. Financial Constraints Risk ［J］. Review of Financial Studies, 2006, 19 （2）: 531 – 559.